Die Freiheit der Gedanken
ist der Schlüssel zum Glück!

Stefan Schütz

# Die Freiheit der Gedanken ist der Schlüssel zum Glück!

Einblicke in meine Arbeit als
Berater, Coach & Business-Coach

JBS books

2. Auflage 2021

JBS Books
Hauffstr. 46
72649 Wolfschlugen

Lektorat: Markus Liebler

Printed in Germany 2018
ISBN 978-3-00-060886-5



Bibliografische Information der Deutschen Nationalbibliothek:
Die Deutsche Nationalbibliothek verzeichnet diese Publikation in der Deutschen Nationalbibliografie; detaillierte bibliografische Daten sind im Internet über http://dnb.dnb.de abrufbar.

*Freiheit: die Möglichkeit, so zu leben,*
*wie du willst.*

Marcus Tullius Cicero (106 – 43 v. Chr.)

# Prolog

Schon seit einiger Zeit keimt in mir der Gedanke, meine Erfahrungen und die wichtigsten Erkenntnisse aus meiner Tätigkeit als Berater niederzuschreiben. Es gibt so viele spannende Einsichten, die es wert sind, auch Menschen zu erreichen, die ich (noch) nicht persönlich ansprechen kann. So habe ich damit begonnen, Ideen zusammenzutragen, systematisch aufzuarbeiten und in eine klare, verständliche Sprache zu bringen, damit der Gewinn für meine Leser möglichst hoch ausfällt. Dieser Prozess ist nach wie vor in vollem Gang – und wird wohl auch noch eine Weile andauern.

Aufgrund wiederholter Anfragen von Seiten meiner Klienten, ob man nicht doch schon etwas von mir lesen könne, habe ich mich zu der Schrift entschlossen, die Sie nun in den Händen halten.

Verstehen Sie dieses Buch als kurze Einführung in meine Arbeit und in meine Gedankenwelt. Ich konzentriere mich dabei auf einige wenige Bereiche und Themen, die ich fragmentarisch und selektiv darstelle – manche nur oberflächlich, manche aber auch im Schnelldurchlauf bis hin zur fundamentalen Substanz – um Ihnen exemplarisch näherzubringen, wie ich meine Arbeit verstehe, und um Sie mit meiner Art des systemischen, konstruktivistischen, kreativen und freiheitlichen Denkens vertraut zu machen. Wer sich mit dieser Denktradition detaillierter beschäftigen möchte findet hierzu eine fast unüberschaubare Menge von Fachliteratur. Das vorliegende kleine Buch soll keine neue, eigenständige Definition liefern. Die dargestellten Gedanken reflektieren jedoch meine ganz persönliche Sichtweise, die bestimmt in dem einen oder anderen Punkt von der reinen Lehre abweicht.

Dies ist kein Buch über Coaching-Techniken oder Gesprächsführung. Ich beschreibe, abgesehen von einem kleinen Tool in Teil 2, keine lösungsrelevanten und situationsbezogenen Werkzeuge, ich erkläre keine Prozessabläufe und Sie finden darin auch keine der ausgeklügelten Interventionen, die ich verwende, wenn eine manifestierte Problematik professionelle Beratung erfordert. Es ist stattdessen ein gedanklicher Streifzug durch meine Arbeit, frei vagabundierend, oft rudimentär, auch spielerisch und hoffentlich an vielen Stellen für Sie erhellend und erfrischend. Dabei beschränke ich mich aber keineswegs nur aufs Theoretische, sondern gebe Ihnen auch, wie schon erwähnt, in Teil 2 beispielhaft ein kleines Werkzeug an die Hand, um Ihnen die Wirksamkeit der dargestellten Gedankenschemata zu verdeutlichen: Das Torero-Tool.

Wenn es mir an irgendeinem Punkt gelingt, eine besondere Resonanz bei Ihnen zu erzeugen, dann ist das schon sehr viel und ich bin zufrieden. Dieser Text soll Ihnen Lust auf mehr machen: auf die Freude am Entdecken, auf die Begeisterung an innovativen Ideen, auf ungewöhnliche Verbindungen und auf die Beschäftigung mit dem eigenen Erleben und Wahrnehmen der Welt, kurz: auf das eigene Sein.

Ich wünsche Ihnen viel Freude beim Lesen und viele kreative Gedanken!

Ihr
Stefan Schütz

# 1. Teil

## Die Freiheit der Gedanken

Wenn Menschen erfahren, dass ich als Business-Coach, Personal-Coach und Berater arbeite, werde ich meistens gefragt, was denn der genaue Sinn und Inhalt einer solchen Arbeit sei. Die Antwort auf diese Frage ist eigentlich sehr komplex, denn die Beratung von Unternehmen und die Unterstützung von Menschen bringt jedesmal völlig neue Aufgaben mit sich, die sich einer allgemeinen Betrachtung logischerweise entziehen. Völlig unterschiedlich sind meine einzelnen Auftraggeber, ihre Lebensumstände, ihre Arbeitsfelder. Völlig unterschiedlich ist daher auch inhaltlich und thematisch meine Arbeit. Eines jedoch ist evident: Ich werde beauftragt, meine Expertise für den Klienten einzubringen, sei es im Zusammenhang mit Coaching, mit Beratung oder auch mit beidem. Ich helfe, Klarheit über Prozesse zu gewinnen und versetze meine Klienten in die Lage, ihre, wie es so schön euphemistisch heißt, „Herausforderungen“ zu meistern. Ganz einfach gesprochen lautet die Antwort auf die oben gestellte Frage also: Ich werde gerufen, um mitzuhelfen, Probleme zu lösen.

Trotz der Differenziertheit der Aufgabenstellungen werde ich versuchen, Ihnen auf knappem Raum eine ausführlichere Antwort mit zum Teil für Sie hoffentlich erstaunlichen Erkenntnissen zu präsentieren, durch die Sie mehr über mich, meine Gedanken und meine Herangehensweise erfahren. Im Laufe der Jahre habe ich mir eine umfangreiche Wissensbasis geschaffen – und dieses Know-how erweitert sich von Tag zu Tag, von Beratung zu Beratung. Der vertrauensvolle Austausch von Gedanken und Gefühlen ermöglicht es mir, tief in das Leben vieler unterschiedlicher Menschen zu blicken. Das lässt meine Expertise kontinuierlich wachsen und ich kann neu gewonnene Erkenntnisse stets so verwerten, dass auch andere Klienten davon profitieren.

Meine Tätigkeit umfasst grundsätzlich zwei Arbeitsbereiche. Der erste Bereich ist die Beratertätigkeit für Unternehmen. Thematisch kann es dabei um Schwierigkeiten der internen und externen Kommunikation gehen oder auch um das Problem, dass eine Firma, umgangssprachlich ausgedrückt, „ihre PS nicht auf die Straße bringen kann“. Was ich in jedem Fall anstrebe ist kreatives, innovatives Öffnen und das Lösen verkrusteter Strukturen und Prozesse.

Der zweite Bereich betrifft die Menschen selbst und ihren persönlichen Umgang mit den vorgefundenen – oft auch selbst gestalteten – Strukturen und Prozessen. Dabei geht es den Protagonisten nicht nur um die Interaktionen nach außen, sondern auch um den Dialog mit dem eigenen Innenleben, es geht um Selbstreflexion und die daraus resultierenden Erkenntnisse und Inspirationen.

Selbstverständlich ist die Trennlinie zwischen Bereich eins und zwei unscharf. Meist bedingt und durchdringt der eine den anderen. Diese Interferenzen herauszuarbeiten und die darin enthaltene Dynamik offenzulegen ist für mich eine Aufgabe von hoher Priorität, die immer ganz am Anfang steht. Sie beginnt mit der Analyse, einer grundsätzlichen diagnostischen Arbeit, dem Erkennen von Frakturen, dem Identifizieren periodisch auftretender Rückkopplungsmechanismen – und mündet in die Entwicklung neuer Perspektiven und Handlungsoptionen.

Bitte sehen Sie dieses Buch eher als einen Einblick in Bereich zwei – die Unterstützung und Beratung von Menschen auf persönlicher Ebene. Zusätzlich auch noch das komplexe Thema Unternehmensberatung zu behandeln, würde, so fürchte ich, den Rahmen sprengen. Die zugrunde liegenden Prinzipien sind für beide Bereiche vergleichbar und bei der Beratung kann auf ähnliche Werkzeuge zurückgegriffen werden. Denn, strukturell betrachtet, stellen auch Unternehmen oder Organisationen Organismen dar, die in systemischer Hinsicht oft ähnlichen Verhaltensweisen unterworfen sind wie Individuen.

Wie aber gehe ich als Coach und Berater die mannigfaltigen Problemstellungen an, mit denen meine Klienten zu mir kommen? Ich könnte als Antwort einen sehr langen und wahrscheinlich auch ermüdenden Vortrag über die verschiedenen Interventionen und Lösungsansätze halten, die ich in Beratungssituationen nutze. Stichworte wie Führung, Kommunikation, Konfliktmanagement, Ressourcen, Kreativität, Glaubenssätze, Gestaltungskraft, Reflexionstiefe, intellektuelle Durchdringung und, für mich erstrangig, situative Klarheit beinhalten ganze Universen von Bedeutungen, Herangehensweisen und Zirkulationseffekten, die meine tägliche Praxis – zum Wohl meiner Klienten – prägen.

Anstatt Sie hier allzu sehr mit theoretischen Begrifflichkeiten zu strapazieren, möchte ich Ihnen die Antwort mit einem Augenzwinkern, auch ein wenig provozierend, kurz und prägnant, quasi als verdichtende These darstellen, die dann im weiteren Verlauf ausführlicher reflektiert werden soll: **Ich helfe Menschen dabei, wirklich erwachsen zu werden.**

Zugegeben: Ein derartiger Satz klingt im ersten Augenblick beinahe arrogant. Und wenn Sie deshalb auch mich für etwas überheblich halten, kann ich Ihnen das nicht einmal verübeln. „Menschen, die mit beiden Beinen fest im Leben stehen, die Eindrucksvolles erreicht haben, sollen nicht erwachsen sein? Und einen Berater benötigen, der beim Erwachsenwerden hilft?“ So könnte eine spontane, durchaus nachvollziehbare Reaktion auf meine provokant formulierte Berufsbeschreibung lauten. Aber meine These besagt: „Radikales Erwachsensein“ ist etwas, an dem wir alle intensiv und ganz bewusst arbeiten müssen. Denn wir neigen allzu oft dazu, uns selbst zu infantilisieren, was unter anderem darin zum Ausdruck kommt, dass wir uns als machtlos reagierende Leidtragende der uns umgebenden Unzulänglichkeiten empfinden. Da dies selbstverständlich auch mich selbst betrifft, hoffe ich auf Ihr Wohlwollen. Nicht ich bin arrogant, sondern der klare Anspruch des „Radikalen Erwachsenseins“ kann arrogant wirken.

Die gesamte abendländische Philosophiegeschichte kann man als Versuch sehen, die Welt aus der Perspektive von Erwachsenen zu interpretieren – das heißt, den Dingen durch selbstständiges rationales Denken auf den Grund zu gehen. Beginnend mit den Vorsokratikern bis in die Neuzeit reflektieren die Philosophen das vorgefundene Sein, analysieren dessen Wirkmechanismen und entwickeln daraus ihre Thesen und Prinzipien. Viele davon sind in unserem modernen Denken präsent und haben weite Verbreitung gefunden.

Die Grundfragen der Philosophie „Woher, Wohin, Warum“ stellen sich aber seit mehr als 2500 Jahren nicht nur die Philosophen. Diese drei entscheidenden Fragen drängen sich auch hartnäckig in das Leben eines jeden Einzelnen von uns. Hierbei geht es allerdings selten darum, das große Ganze der Welt (Aristoteles) oder gar des Universums (Stephen Hawking) zu verstehen. Vielmehr werden wir mit der Aufforderung konfrontiert, das eigene Leben sinnvoll zu gestalten und individuelle Antworten darauf zu finden. Die Kunst besteht darin, die drei Fragen immer wieder neu zu stellen, zu akzeptieren, dass man sie womöglich nie definitiv beantworten kann, jedoch immer wieder die Anstrengung zu unternehmen, eine Spur zu finden, der es sich zu folgen lohnt. Die Antworten, die unsere lange Kulturgeschichte den Menschen in ihrer jeweiligen Zeit angeboten hat, sind für viele unzureichend. Deshalb ist der Vorgang des Nachfragens einem ständigen Wandel unterworfen. Erwachsene Menschen erkennen die Komplexität des menschlichen Seins und die Differenziertheit der sie umgebenden Welt vorbehaltlos an. Aus dieser Erkenntnis heraus entsteht die Fähigkeit, zu unterscheiden, zu bewerten und damit auch Evidenz zu erlangen. Meine Definition lautet daher: **Erwachsensein ist die Verbeugung des Menschen vor der Komplexität der Welt!**

Nimmt man den Anspruch des „Radikalen Erwachsenseins“ ernst, gibt es nur eine Art, Situationen zu betrachten. Natürlich existieren im konkreten Fall immer verschiedene Lösungsoptionen – alternativlos ist jedoch die grundsätzliche Perspektive, die immer eine erwachsene Perspektive sein muss. An diesem Punkt regt sich vielleicht erneut Ihr Widerstand. Deshalb möchte ich nun kurz für Sie definieren, was ich unter „Erwachsensein" verstehe und wie ich diesen Terminus einsetze.

„Erwachsensein" heißt, dass Menschen aus ihrer (auf vielen Ebenen fremdbestimmten) Kindheit und Adoleszenz heraus „er-wachsen" sind und ihre eigenen ethischen und moralischen Normen entwickeln, erkennen und ausdifferenzieren können. Rationale und kognitive Fähigkeiten sind vollumfänglich vorhanden und werden für die Gestaltung der verschiedenen Lebensbereiche treffsicher eingesetzt. Emotionen werden gezielt genutzt, um Handlungen in der gewünschten Weise zu initiieren.

Verantwortung für das eigene Selbst und für die Menschen im eigenen Verantwortungs- und Wirkungskreis zu übernehmen steht erwachsenen Menschen als permanente Aufgabe immer klar vor Augen. Dieser Verantwortung stellen sie sich täglich ohne Wenn und Aber. Erwachsene Menschen gehen voller Selbstvertrauen in Situationen. Sie sind sich ihrer selbst und ihrer Gestaltungskraft bewusst und können ihr Denken, Fühlen und Handeln so steuern, dass sie mit großer Wahrscheinlichkeit die angestrebten Ergebnisse erreichen.

Erwachsene Menschen haben situative Klarheit. Das heißt, sie können die Rückkopplungseffekte einer Situation einschätzen, Wirkzusammenhänge erfassen und adäquate Reaktionen generieren. Erwachsene Menschen sind Gestalter. Ihr aktives, kreatives Gestalten ist die angemessene Antwort auf die Komplexität der sie umgebenden Wirklichkeit – wobei sie stets in dem Bewusstsein agieren, dass die eigenen hehren Ziele letztlich Ideale sind, die vollständig zu erreichen eine Illusion bleiben muss. Erwachsene Menschen erkennen die Vibrationen ihrer Mitmenschen als das an, was sie eigentlich sind: Reflexe persönlicher Präferenzen und Erfahrungen. Den anderen zu respektieren, auch wenn er bei der Verwirklichung seiner Ideen Effekte erzielt, die den eigenen Wünschen nicht entsprechen, ist integraler Bestandteil des Erwachsenseins. Ebenso wichtig ist aber auch das Erkennen der eigenen Grenzen und die Bereitschaft, diese Grenzen notfalls zu verteidigen. Allerdings ist die Verteidigungsstrategie von Erwachsenen an klare Prinzipien gebunden – Prinzipien, die aus eigenem, selbstständigem Denken entstanden sind. Dass sich Menschen in manchen Situationen so herausgefordert sehen, dass sie ihre Ideale hinter sich lassen müssen, um eine Eskalation adäquat zu beantworten – auch das gehört, so schmerzhaft es sein kann, zum erwachsenen Umgang mit der Komplexität des Seins. Aus dieser Problematik kann man sich nicht ohne Verwundungen lösen. Spätestens an diesem Punkt ist die Frage nach der persönlichen Schuld keine abstrakte, sondern eine, die sich im Leben von Individuen konkret spürbar manifestiert. Hier Entlastung zu schaffen, negative Effekte der eigenen Entscheidungen anzuerkennen und Wege zu finden, die Schuld zu integrieren und einen Neuanfang zu wagen, erfordert eine Balance, die die Vergangenheit weder verleugnet noch überbetont. Sie kann in einem Coaching-Prozess durchaus so gestaltet werden, dass die Sympathie mit dem anderen und mit sich selbst als Ressource fundamentale Bedeutung gewinnt und als Idee klar vor Augen tritt.

Da der Gedanke von Schuld, von „sich schuldig machen" und „schuldig sein" ein zentraler Aspekt jedes reflektierenden Individuums ist, möchte ich hier auf den Zusammenhang von Professionalität und Humanität eingehen, der in meinen Beratungen immer wieder eine Rolle spielt – vor allem bei Menschen, die Verantwortung für viele übernommen haben und deren Entscheidungen das Leben anderer direkt beeinflussen. Berufsbedingte ethische Dilemmata lasten vielen Akteuren schwer auf den Schultern. Die inneren Konflikte wuchern ins individuelle Leben hinein und richten hier, wenn sie nicht klar erkannt und eingehegt werden, großes Unheil an.

Die meisten Menschen glauben, dass die Industrialisierung die Moderne erst möglich gemacht hat. Das ist nur zum Teil richtig, denn die Moderne basiert hauptsächlich auf der Idee der Arbeitsteilung und einer damit einhergehenden Professionalisierung von Tätigkeiten. Im Zuge dieser Professionalisierung teilten die Menschen die vielfältigen Tätigkeiten, die sie verrichten mussten, um ihr Leben zu bestreiten, nach individuellen Begabungen und Fähigkeiten auf. So konnte jeder in seinem Spezialgebiet deutlich zielgerichteter vorgehen (schließlich stand nun viel mehr Zeit für die Erfüllung einer einzelnen Aufgabe zur Verfügung), während andere Menschen im Gegenzug die Versorgung in den übrigen Wirtschaftszweigen sicherstellten. Erst dieses Prinzip – eine in allen Bereichen durchgesetzte Arbeitsteilung – hat die Erfindungen und Entwicklungen der Moderne möglich gemacht. Bis heute ist die Ausdifferenzierung unserer Arbeitswelt der entscheidende Faktor für modernes Leben. Wer ein Zurück propagiert lehnt diese Ausdifferenzierung ab. Eine Wiederkehr vorindustrieller Zustände wäre die logische Folge. Da aber die meisten Menschen an der Aufrechterhaltung unseres modernen Systems interessiert sind, bleiben alle Rufe nach Selbstversorgung und Aussteigen isolierte Phänomene. Sie schaffen es zwar immer wieder in die Medien (wenn es gilt, die romantischen oder mystischen Bedürfnisse der Konsumenten zu befriedigen), bieten aber keinerlei realistische Perspektive.

Durch Spezialisierung, also die Hinwendung eines Individuums zu klar abgegrenzten Tätigkeiten, entsteht automatisch eine immer weitere Professionalisierung des betreffenden Arbeitsfelds. Professionalisierung jedoch bedeutet emotionsarmes oder im Idealfall sogar emotionsfreies Handeln der Akteure. Ein Übermaß an Emotion schadet der professionellen Idee und wirkt in vielen Bereichen kontraproduktiv. Um diese These zu untermauern, möchte ich Ihnen ein sehr eindrückliches Beispiel nennen: die sogenannte Triage. Die Triage ist ein Verfahren zur Priorisierung von Hilfsleistungen in Situationen mit zahlreichen Verletzten und begrenzten Rettungsmöglichkeiten. Entwickelt wurde dieses Verfahren vom Militär. Das Prinzip: „Sichter“ müssen innerhalb von maximal 60 Sekunden entscheiden, wie mit einer Person zu verfahren ist. Ihre Entscheidung wird für die später eintreffenden Notärzte durch eine fünfstufige Farbkennung sichtbar gemacht – von „Sofortbehandlung“ über „Sterbebegleitung“ bis hin zu „tot“. Dahinter steckt die Idee, die verfügbaren Ressourcen für eine Rettung auf möglichst viele Menschen zu verteilen, die tatsächlich eine Überlebenschance haben – wissend, dass dem einzelnen Verwundeten manchmal auch Hilfe verweigert werden muss, wenn die Aussicht auf Erfolg gering ist. Wäre der Betreffende der einzige Verletzte, würde man sich selbstverständlich ganz ausführlich um ihn kümmern.

Das Verfahren der Triage benötigt sehr erfahrene und routinierte Hilfskräfte, die möglichst emotionsarm oder völlig emotionsfrei agieren können, damit das Wohl von vielen garantiert wird. Basierend auf derselben professionellen Idee vom emotionsarmen Handeln darf auch ein Herzchirurg seine eigene Frau nicht operieren. Bevor sich Menschen also über die Distanziertheit von Chirurgen oder anderen Ärzten beschweren, sollten sie deren Professionalität bedenken – und sich darüber freuen, dass diese Berufsgruppen so professionell arbeiten, wie sie es in den meisten Fällen tun.

Wir sehen an diesem Beispiel, wie die Idee der Humanität Professionalität generiert, die wiederum Humanität sichert. Beide Prinzipien sind in diesem Kontext untrennbar miteinander verbunden. Allerdings unterscheiden sie sich in der emotionalen Komponente – ja, es entsteht manchmal sogar der Eindruck, dass professionelles Auftreten und Handeln „unmenschlich" seien. Tatsächlich ist meistens das Gegenteil der Fall. Im Umkehrschluss heißt das: Sobald im professionellen Kontext individuelle Emotionen in den Vordergrund rücken, verliert die Professionalität ihre Schlagkraft und ihre Wirkung – zum Nachteil für alle Beteiligten.

Das zeigt sich auch in der Politik. Wenn unsere politischen Vertreter das Professionalitätsprinzip nicht kennen (oder nicht beherzigen), wird durch eine emotionale Aufladung und individualisierte Moralisierung von Politik das ganze System beschädigt und wir Menschen verlieren als Gesamtheit. Es ist ein fataler Irrtum, Humanität gegen Professionalität in Stellung zu bringen, denn das eine kann ohne das andere nicht den gewünschten Effekt erzielen. Der Soziologe Max Weber hat dieses Problemfeld übrigens schon 1919 – in einem Vortrag über „Politik als

Beruf“ – treffend mit seinem Gegensatzpaar „Verantwortungsethik“ versus „Gesinnungsethik“ beschrieben. Zeit zum Lernen der Lektion war für die politische Klasse folglich ausreichend vorhanden.

Auch in der Lebenswirklichkeit anderer Verantwortungsträger ist der Zwiespalt zwischen emotionsarmer Professionalität auf der einen und emotionsgetriebenem Moralismus auf der anderen Seite präsent. Diese beiden Pole auszutarieren ist immer wieder Thema meiner Beratungen. Ein hohes Maß an Verantwortung an den Tag zu legen sowie eine klare Idee von Handlung und Reaktion und den sich widersprechenden, zugrundeliegenden Prinzipien zu entwickeln: Diese Forderungen sind für viele Menschen in hoher Verantwortung eine Bürde, die permanent an ihrer Lebensqualität nagt. Hier Entlastung zu schaffen, Verantwortlichkeiten neu zu definieren, systemimmanente Verwerfungen zu erkennen und Problembewältigungsstrategien in das eigene Wertegerüst einzubinden, sind Aufgaben, die meine Klienten mit mir gemeinsam lösen können.

Doch zurück zu unserer Betrachtung von „Erwachsensein“: Selbstverständlich verändern sich Teile der damit verbundenen Grundsätze von Generation zu

Generation, werden neu ausgestaltet und variiert. Doch das Fundament dessen, was es bedeutet, als Erwachsener zu denken, zu fühlen und zu handeln – verdichtet in der Maxime „Übernimm Verantwortung für dich selbst und deine Anvertrauten“ – bleibt dauerhaft bestehen. Die Geschichte der Menschheit ist eine Entwicklungs-Geschichte, die sich immer weiter fortsetzt. Diese Geschichte mitzugestalten ist jeder Generation aufgetragen und wird als Aufgabe auch mehr oder weniger erfolgreich angenommen. Dass es hierbei teilweise auch zu schrecklichen Fehlentwicklungen kommt, ist eine Folge komplexer Realitäten und widerstreitender Vorstellungen über die richtige Gestaltung des Seins. Das ist keine Entschuldigung, aber eine Erklärung für Handlungen, die wir missbilligen.

Schon bei Solon (um 600 v. Chr.) lesen wir: „Wenn du von den anderen Verantwortung verlangst, übernehme auch für dich deine eigene!“ So alt sind diese Gedanken bereits – und sie haben sicher auch damals schon die Gemüter erregt und die uns so vertrauten Abwehrreaktionen erzeugt. Trotz dreitausendjähriger Kulturgeschichte mit kontinuierlicher Fortentwicklung, trotz der aufklärerischen Gedanken unserer Vorfahren und trotz Moderne, die einen historisch einzigartigen Qualitätssprung für unsere individuelle Lebensgestaltung mit sich gebracht hat, ist Fortschrittskritik mehr denn je „en vogue". Wir finden bei vielen unserer Zeitgenossen eine grundsätzliche Skepsis gegenüber der Moderne vor, eine Ablehnung des Erreichten, eine Verklärung des Vergangenen oder auch ein Abdriften in die Utopie. Die Verweigerungshaltung gegenüber der Aufklärung und die dadurch um sich greifende Selbstinfantilisierung hat leider in manchen gesellschaftlichen Bereichen die Oberhand gewonnen. Erwachsenes Handeln ist in solchen Biotopen kaum mehr möglich. Die entscheidenden Fragen werden nicht mehr gestellt, geschweige denn in aufklärerischer Tradition beantwortet. Stattdessen bekommen Illusionen und naive Zukunftsideale eine tyrannische Komponente, die Menschen in die Unfreiheit führt.

Was aber wäre der „erwachsene" Ansatz? Selbstverständlich die rationale Analyse: Unser Leben findet immer im Spannungsfeld zwischen erlebter Vergangenheit und möglicher Zukunft statt. Die Vergangenheit ist unwiederbringlich vorbei und die Zukunft ist noch nicht eingetreten. Frei gestalten können wir einzig und allein das Hier und Jetzt, mit Auswirkungen auf die Zukunft. Man könnte – etwas verspielt – auch sagen: „Heute war gestern meine Zukunft und wird morgen meine Vergangenheit sein." Dieses Zeitphänomen zu erkennen ist einzig dem Menschen vorbehalten. Nur der Augenblick ist real und exakt. Hier entfaltet sich unsere gesamte Gestaltungskraft.

Der Blick in die Glaskugel ist niemandem vergönnt, auch wenn einige Mitmenschen hellseherische Fähigkeiten für sich in Anspruch nehmen und als Propheten – meist im Namen der eigenen Ideologie – auftreten. Wir können lediglich erkannte Prinzipien und Schemata fortschreiben, nach dem Motto „Wenn alles so weitergeht wie jetzt, dann..." Dabei sind wir an die Möglichkeiten und Erkenntnisse gefesselt, die uns aktuell zur Verfügung stehen. Innovative Gedanken, Entdeckungen und Erfindungen, die sich zweifelsfrei in der Zukunft einstellen werden, sind unserer Wahrnehmung entzogen. Deshalb können wir damit auch nicht gedanklich arbeiten. Ein etwas gelassenerer Umgang mit unserer Zukunft ließe sich also eigentlich allein durch logisches Schließen ableiten. Das Gegenteil ist aber leider oft der Fall: Die Zukunft wird nicht in frohen Farben, sondern eher düster ausgemalt. Diese Angst vor dem unmittelbaren Bevorstehen des Weltendes durchzieht die menschliche Kulturgeschichte von Anfang an. In fast jeder Epoche stand der Weltuntergang in den Augen der Menschen unmittelbar bevor und jede Generation hat, aus der Retrospektive betrachtet, immer dieselben Argumente vorgebracht: „So schlimm wie hier und heute war es noch nie! Wir müssen sofort umkehren und unser Leben ändern!“ Dennoch hat die Menschheit – allen apokalyptischen Szenarien zum Trotz – bis heute Bestand und, zumindest in der westlichen Welt, einen solchen Grad individueller Lebens-Gestaltungsfreiheit geschaffen, wie er noch vor wenigen Generationen unvorstellbar war. Wir dürfen also voller Hoffnung und Zuversicht in die Zukunft schauen.

Eine der wichtigsten Erfindungen der Menschheit ist die Sprache. Gesprochene Worte ermöglichen es, die Begrenzung des eigenen Seins zu überwinden und in komplexen Kontakt mit anderen Individuen zu treten. Die Erfindung der Schrift vor ca. 5.000 Jahren brachte eine neue Dimension mit sich: die Überwindung von Raum und Zeit. Gedanken konnten über weite Entfernungen und über ganze Jahrhunderte transferiert werden. Die Digitalisierung der Neuzeit hat diese uralte Entdeckung auf ein völlig neues Niveau katapultiert: Sämtliche Informationen sind nunmehr simultan rund um den Globus zugänglich und für alle Zeiten dokumentiert. Und das nicht nur für uns Menschen, sondern neuerdings auch für Maschinen, die miteinander kommunizieren. Aber nicht nur die ortsunabhängige Verfügbarkeit und die damit einhergehende Möglichkeit, unvorstellbare Datenmengen zu verknüpfen (das sogenannte Data-Mining), wird unser Leben radikal weiter verändern. Das Thema künstliche Intelligenz wird in Zukunft ebenfalls eine zentrale Rolle spielen.

Auch die physische Überwindung des Raums hat im letzten Jahrhundert dank moderner Fortbewegungsmittel, allen voran das Flugzeug, eine solch unglaubliche Karriere gemacht, dass sich viele Menschen als Kosmopoliten bezeichnen und dem Stichwort „Globalisierung“ ihre ganz persönliche Note verleihen. Mittlerweile sind Urlaubsreisen auch in die entferntesten Regionen der Welt zum Normalfall geworden und wir wären nur noch durch Expeditionen direkt in Kriegsgebiete – oder nach Nordkorea – wirklich zu überraschen.

All diese Entwicklungen kommen einer Zeitenwende gleich, deren weitreichende Konsequenzen die meisten Menschen überhaupt noch nicht erfassen – und vielleicht auch gar nicht erfassen können. Die moderne Welt befindet sich in einer der größten Umwälzungen, die die Menschheit je erlebt hat und die in einem Tempo voranschreitet, das atemberaubend ist. Die Abrufbarkeit jeglicher Information an jedem Ort der Welt, gepaart mit intelligenten Maschinen, wird eine Innovationsexplosion auslösen, vor der jede bisherige Zukunftsvision verblasst.

Trotz dieser beeindruckenden Neuerungen, mit allen auch negativen Begleiterscheinungen, bleiben die Grundfragen jedes einzelnen Menschen dauerhaft bestehen: „Woher, Wohin, Warum?" Derartige Fragen können durch die grandiosesten technologischen Entwicklungen nicht beantwortet werden, und selbst die Naturwissenschaft kann letztendlich immer nur die Grenze des bisher Erkannten verschieben. Zu endgültigem Wissen kommt sie nie. Und weil uns unsere fundamentalen Lebensfragen so hartnäckig erhalten bleiben, müssen wir Menschen uns wohl – angesichts einer immer komplexer werdenden Welt und frei vagabundierender Ideen zur Lebensbewältigung – noch intensiver damit befassen als unsere Vorfahren, deren klares Wertegerüst einen Teil dieser Fragen beantwortet hat und die in vielerlei Hinsicht mit mehr innerer Festigkeit ans

Werk gehen konnten. Die Moderne, vor allem die damit einhergehende Individualisierung, lässt den Einzelnen mit seinen grundlegenden Problemen zunächst allein.

Eine Reaktion auf diesen Umstand ist die Hinwendung zu neuem religiös-synkretistischem Denken in einem der modernen Zeit auf den Leib geschneiderten Gewand. Die moralische Aufladung von banalen, ja banalsten Dingen unseres Alltags macht das Dasein aber keineswegs einfacher, ganz im Gegenteil: Durch die Verbindung von eigentlich normalen Dingen mit einer ständig präsenten neuen „Sittlichkeit" mutiert unser Leben zu einer andauernden Bewährungsprobe. Es gibt kaum ein Gebiet, das davon nicht betroffen ist. Beispiele gefällig? Ernährung, Fitness, Gesundheit, Energie, Verkehr, Kleidung, Wohnen, Umwelt, Reisen, Klima, Sprache... Überall gibt es Priester und Gelehrte, die uns die Welt erklären und uns, sofern sie die Macht dazu haben, mit Gesetzen und Vorschriften so unter Druck setzen, dass wir uns oft dazu gezwungen sehen, ihre Ideen gegen unseren eigenen Willen mitzutragen. Freiheit sieht allerdings anders aus.

Die Angst vor der Zukunft hat ihren Ursprung immer in mangelndem Selbstvertrauen, anders ausgedrückt: in einer Selbstinfantilisierung – der Weigerung des Menschen, seine Adoleszenz hinter sich zu lassen und volle Eigenverantwortung zu übernehmen. Das Gegenmittel, wirklich erwachsenes Denken und Handeln, steht bereit. Wir müssen es nur in der richtigen Art und Weise anwenden. Häufig jedoch führt die Forderung nach „Radikalem Erwachsensein" zu vehementen Abwehrreaktionen. Ganze gesellschaftliche Gruppen haben sich aufgemacht, den aufklärerischen Gedanken entgegenzutreten. Ihr Einfluss auf den ethischen Zeitgeist – auf das „Du sollst" und „Du sollst nicht" unserer Gesellschaft – ist enorm. Dieser Zeitgeist, die Summe aus unzähligen individuellen, aber harmonisierten und im Gleichklang schwingenden Ideen, diffundiert in unser eigenes Leben hinein und richtet oft Schäden an, die sich in vielen Fällen – davon kann ich als Coach und Berater „ein Lied singen" – ziemlich exakt bemessen und benennen lassen. Diesen Vorgang zu erkennen und den Versuch zu unternehmen, ihn einzudämmen, obliegt dem aufgeklärten Teil einer Gesellschaft, die mittlerweile leider einige Dioptrien ihrer Sehfähigkeit eingebüßt hat.

Die beschriebenen sozialen Phänomene sind äußerst spannend und aufschlussreich, haben in meiner Arbeit als Coach aber nur dann einen Platz, wenn sie das individuelle Leben meines Klienten berühren – will heißen: wenn sie den Klienten konkret in seiner Freiheit einschränken und sein persönliches Wohlbefinden beeinträchtigen. Solche Einflüsse zu minimieren und idealerweise ganz zu stoppen kann auch als Ziel eines Beratungsprozesses definiert werden.

Noch ein Gedanke zur Alternativlosigkeit des „Radikalen Erwachsenseins", die ich am Anfang dieses Buches postuliert habe. Wie bereits festgestellt, gibt es selbst in sehr schwierigen, manchmal auch scheinbar aussichtslosen Situationen stets die Wahl zwischen alternativen Handlungsmöglichkeiten. Was für mich als Alternative ausscheidet ist der Wechsel von der erwachsenen hin zu einer „infantilen" Betrachtungsweise – die Flucht hin zu Aussagen wie „Ich bin doch ohnehin nur machtloser Spielball der Umstände". Basierend auf dieser Grundüberzeugung denke und orchestriere ich meine Gedanken, wie schon so viele vor und neben mir. Tatsächlich kann ich das Rad nicht neu erfinden. Aber ich kann mit meinen Erfahrungen, meinem Wissen und meinen kreativen Gedanken auf die Probleme des Klienten reagieren, um neue Ideen und Lösungen hervorzubringen, die der Situation angemessen und in sich stimmig sind.

In meinen Beratungen und Seminaren erarbeite ich all diese Themen mit meinen Klienten äußerst sensibel, damit sie sich den zugrundeliegenden Konzepten gegenüber öffnen können und zur kritischen Selbstreflexion fähig werden. Ich versuche immer, die Menschen an dem Punkt abzuholen, an dem sie sich im Erkenntnisprozess gerade befinden. Durch diese behutsame, individuell angepasste Vorgehensweise werden mein Klient und ich mit faszinierenden Reflexionserlebnissen belohnt. Die Reflexionstiefe, also der Grad der individuellen Bereitschaft zur Selbsterkenntnis, bestimmt die Wertigkeit des Prozesses. Je höher dieser Grad ist, desto eher können wir zu einem überdurchschnittlichen Ergebnis gelangen.

Bei reinen Coaching-Sitzungen kommt es zunächst einmal nicht zu solchen von mir initiierten analytischen Betrachtungen. Solche Sitzungen können für sich alleine in der Tat schon sehr hilfreich sein und sind, für sich genommen, ein gutes Werkzeug zur

Selbstreflexion und zur Aufweichung und Loslösung von Verhärtungen. Aber es kann sein, dass sich, durch die Selbstbeschränkung des Coaches gemäß der klassischen Coachinglehre, ein Vakuum auftut. Meiner Meinung nach eine der größeren Dissonanzen dieser Art von Unterstützung, wenngleich auch ich sie oft erfolgreich einsetze und sie auch häufig nachgefragt wird.

Grundsätzlich wähle ich die Art meiner Dienstleistung – Coaching oder Beratung – je nach Auftraggeber und Situation und richte mich natürlich auch nach dem zugrunde liegenden Mandat. Oft wünschen meine Klienten beide Interventionen parallel. Damit mache ich die besten Erfahrungen. Wenn narzisstische Reflexe überwunden werden und ein dissoziiertes Nachdenken über die eigene Person stattfindet, sind wirklich neue Blickwinkel und sehr kreative Lösungen möglich. Einen solchen Prozess zumindest versuchsweise zu initiieren birgt große Chancen in sich, die man nicht ungenutzt lassen sollte.

Von dem, was ich Ihnen im Zusammenhang mit dem „Radikalen Erwachsensein“ vermittle, haben Sie bestimmt schon vieles bereits theoretisch erfasst oder auch praktisch erfahren. Aber ich kann Ihnen neue Zusammenhänge aufzeigen, die oftmals verblüffend sind. Inwieweit Sie die damit verbundenen Erkenntnisse in Ihre eigene Gedankenwelt aufnehmen möchten, dürfen Sie selbst entscheiden. Eines allerdings liegt auf der Hand: Der Grad des Erwachsenseins entscheidet über Ihre Gestaltungskraft und über Ihre Kompetenz, situative Klarheit zu erlangen. Aus dieser Verantwortung kann Sie niemand entlassen, diese dürfen Sie ganz für sich wahrnehmen. Wer sich darauf einlässt, der kann wieder „ein Stück vom Paradies" erblicken, um es einmal pointiert christlich theologisch auszudrücken.

Der Mythos, den wir in der Bibel (in diesem Zusammenhang als zentrales ethisches Fundament der westlichen Welt verstanden) im Buch Genesis finden, beschreibt die Vertreibung Adams und Evas aus dem Paradies. Sie haben das Verbot übertreten, vom Baum der Erkenntnis zu naschen. Erst durch dieses Vergehen erkennen beide, was „gut" und was „böse" ist. Sie bekommen durch ihren „Sündenfall" die allein dem Menschen innewohnende Fähigkeit der Bewertung, sie erkennen die Implikationen ihrer eigenen Taten, ihre eigenen Brüche. Das ist Segen und Fluch zugleich, denn sie verlieren damit auch ihren paradiesischen Zustand, in dem es sich bis dato sorgenfrei und ewig leben ließ.

Die Erkenntnis des zum Menschen gehörigen Defizitären, des Ausgeliefertseins gegenüber dem „Schicksal“ hat mit aller Macht und überall auf der Welt eine ausgleichende Idee erschaffen – die des „perfekten Menschen“, den der Mensch als „Gott“ verehrt. In ihm sind alle positiven Seinsweisen vereint. Er hat die Macht, er ist der Anfang und das Ende – in allen Kulturen dieser Erde.

Die Feststellung, dass das defizitäre Sein des Menschen überall auf der Welt die Idee Gottes geschaffen hat, ist kein Bekenntnis für oder gegen Gott. Sie klärt nur den psychologischen Zusammenhang religiöser Phänomene. Individuelle Glaubenswahrheiten können damit nicht bewertet werden. Die Gottebenbildlichkeit des Menschen hat in vielen Religionen einen zentralen Stellenwert und ist Gegenstand fundamentaler theologischer und philosophischer Kritik. Mir ist es in diesem Zusammenhang nur wichtig, darzustellen, welche immensen Auswirkungen die Fähigkeit oder Unfähigkeit zur Unterscheidung und Bewertung hat und welche Konsequenzen wir daraus ziehen müssen.

Vor allem die Erkenntnis der Differenz ist die zentrale zivilisationsbildende Eigenschaft des Menschen. Entgegen den radikalen Gleichheitsideologien, die seit Beginn des 19. Jahrhunderts unsere Kultur prägen, ist einzig und allein die Erkenntnis und Bewertung von Differenz das kompositorische Element von Zivilisation. Die Würde des Menschen, die sich als unveräußerliches Naturrecht durch das bloße Sein manifestiert, ist hiervon unberührt. Die maßgeblichen politischen Konzepte der Aufklärung – Freiheit, Gleichheit, Brüderlichkeit – sollten eigentlich verstanden werden als die Möglichkeit, das eigene, von allen anderen sich unterscheidende Selbst frei zu entfalten, als Gleichheit vor dem Gesetz (nicht Gleichheit in den Lebensbedingungen) und als Anerkennung dessen, dass jedem Menschen ein göttlicher Funke innewohnt, der uns alle verbindet. Daraus ließen sich die Prinzipien ableiten, die in der Allgemeinen Erklärung der Menschenrechte der UN von 1948 kodifiziert wurden und die, nach jahrelangen weiteren Abstimmungsprozessen, nun als Internationale Menschenrechtscharta Gültigkeit haben. Gerade die Menschenrechte machen deutlich, dass es darauf ankommt, Unterschiede, Anderssein, kulturelle Ausdifferenzierungen zu schützen. So zeigt sich einmal mehr, dass die Fähigkeit der Bewertung – das heißt der Differenzierung zwischen verschiedenen Verhaltensweisen von Menschen – ein zentraler Wirkmechanismus von Gesellschaften und auch von Individuen ist. Dies nicht anzuerkennen oder gar dagegen vorzugehen, ist der menschlichen Würde nicht angemessen und beschädigt schon erreichtes Niveau.

Um noch etwas deutlicher zu machen, wie weit sich der systemische Gedanke entfalten kann und wie die genannten Aspekte auch in ganz einfachen Situationen Wechselwirkungen entwickeln, möchte ich hier ein kleines Beispiel anführen. Ich habe bewusst diesen einfachen Fall gewählt, weil er geradezu prädestiniert ist, bestimmte Denkmuster zu entlarven:

In einer Zeit, die uns an allen Ladenkassen mit Bildern von Tumoren auf Zigarettenpackungen konfrontiert, kann man zu Recht fragen, wer das ästhetische Empfinden aller opfert, um das Genussverhalten Einzelner zu manipulieren, und welche Zielsetzung wir dahinter vermuten können. Zivilisatorische und ästhetische Rückschritte einzig und allein mit gesundheitlicher Vorsorge zu erklären, scheint mir zu kurz zu greifen.

Diese Verrohung, und damit auch die Ablehnung von Ästhetik, betreiben dieselben Verantwortlichen, die uns auch andere Werbung verbieten wollen – mit dem Vorwurf des „Sexismus“ oder der „Irreführung“.

Dabei ist Werbung eigentlich die Verneigung eines Unternehmens vor der Entscheidungsfähigkeit der Erwachsenen. Und sie kann niemals auf das Element der kreativen Phantasie, der schöpferischen Übertreibung, der Überhöhung oder sogar der Mystifizierung verzichten. Reale Darstellungen sind keine Werbung. Erst die Fiktion, verstanden als Imagination des Realen in einer überhöhten Erscheinungsform, erzeugt die Begehrlichkeit, als Ausdruck der Wünsche und Visionen von uns Menschen.

Dies zu begrenzen würde heißen, dem menschlichen Begehren Fesseln anzulegen und sich ständig in der Banalität des ordinären Seins zu bewegen. Wer das möchte hat nicht verstanden, was Sinn und Zweck von Kultur ist: Menschliches Sein im Optimum zu imaginieren, wissend, dass diese hehre Idee niemals wirklich erreichbar ist und sich immer wieder neu erfinden und manifestieren muss. Wer einmal in Rom die Sixtinische Kapelle besucht hat müsste es wissen – Michelangelos riesiges, fantastisches Deckengemälde verdeutlicht die Idee perfekt: Eine überhöhende Visualisierung menschlicher Vorstellungen und Fantasien, jenseits der Normalität, voller Kraft, Dynamik, Schönheit und Erhabenheit. Mit der realen Welt hat dieses Werk nichts zu tun – und das muss so sein! Denn eine „realistische" Wiedergabe von Seinszuständen bekommen Sie heute auf Youtube, Facebook und Instagram zur Genüge. Ob das unser kulturelles Niveau erhöht, soll jeder – als erwachsen denkender Mensch – selbst entscheiden.

Erst wenn politische Entscheider den Konsumenten infantilisieren, machen derartige pädagogische Restriktionen in sich Sinn. Dabei entstehen sie aus einer bedenklichen Haltung heraus: Die einen Erwachsenen wollen den anderen Erwachsenen vorschreiben, wie sie leben sollen! Dieser Paternalismus ist leider sehr weit verbreitet, hatte aber noch nirgends auf der Welt dauerhaften Erfolg, denn er verwandelt Erwachsene in pädagogisch Bedürftige. Die kulturellen und zivilisatorischen Auswirkungen, die sich daraus ergeben, erinnern eher an frühere, düstere Epochen als an Zeiten, in denen die Freiheit des Individuums, des Gedankens, der Rede und der Bilder höchste Priorität genießt – und damit auch der individuelle künstlerische und phantasievolle Ausdruck des menschlichen Seins. Einer modernen Gesellschaft steht so etwas nicht gut zu Gesicht.

Ich für meine Person gehe von einem freiheitlichen Selbstverständnis aus: Wir Menschen sind im Kern Freiheitsberechtigte! Der Gedanke, dass wir tatsächlich nichts tun „müssen“ außer sterben – alles andere ist freiwillig – legt die Messlatte für die individuelle, freiheitliche Lebensgestaltung sehr hoch. Es gibt kein „Müssen“, sondern nur ein „Wollen“ und ein „Entscheiden“. Die Konsequenzen einer solchen Einstellung sind ganz konkret erlebbar. Jeder hat schon entsprechende Erfahrungen gemacht und könnte daher eigentlich auf diese Ressource zurückgreifen. Einen existenziellen, fundamentalen Wert in der Freiheit zu sehen ist spätestens seit der Aufklärung bei den meisten von uns in die DNA gebrannt. Leider wird das Freiheitsbewusstsein im Laufe des Lebens immer wieder in den Hintergrund gedrängt und alltägliche, manchmal auch banale Themen gewinnen die Oberhand, sie beherrschen unser Denken und Handeln. Eine immerwährende Verbindung zur Freiheitsidee herzustellen, ist aber unabdingbar. Ohne diese Verbindung werden Menschen zu Sklaven der sie umgebenden Einflüsse. Erst die Fähigkeit, wirklich frei zu denken und zu entscheiden, versetzt uns Menschen in die Lage, unsere Verantwortung wahrzunehmen, auszugestalten und kreativ umzusetzen.

„Zum Glück brauchst du Freiheit, zur Freiheit brauchst du Mut!“ hat schon Perikles (um 450 v. Chr.) erkannt. Mich persönlich begleitet das Thema Freiheit schon seit meinem Theologie-Studium, gemeinsam mit der Frage der Gerechtigkeit. Freiheit und Gerechtigkeit – diese beiden Konzepte durchziehen mein privates und berufliches Leben, an ihnen reflektiere ich noch immer jede Entscheidung. Wenn Ihnen der Begriff Gerechtigkeit zu emotional klingt, können wir auch von Fairness sprechen. Denn Tatsache ist: „Gerechtigkeit“ ist in unserer modernen Gesellschaft oft nur noch eine inflationär gebrauchte, substanziell inhaltslose Worthülse und es versteht kaum noch jemand Gerechtigkeit als das, was sie eigentlich ist, nämlich als Zustand der Hoffnung. Der Begriff Fairness ist moralisch weniger aufgeladen und zielt direkter auf die persönliche Verantwortung der Akteure ab. Gerechtigkeitsfragen betreffen das große Ganze, die Fairness bleibt auf der Ebene der Handlungsfähigkeit des Menschen und kann im Alltag eine wichtige Leitplanke sein, die echte Orientierung gibt.

Ich persönlich bin als Kind außerordentlich „frei" aufgewachsen. Jeden Tag nach der Schule konnte ich ohne Aufsicht der Erwachsenen gemeinsam mit meinen Freunden in der Gegend herumstreunen und eigene Erfahrungen sammeln – von der ersten Klasse bis zum Abitur. Dass unsere kindlichen bzw. adoleszenten Ideen und Aktionen oft auch grenzwertig waren und wir Heranwachsende von damals heute vielleicht sogar als „verhaltensauffällig" gelten würden, mag sein. Ganz unabhängig von dieser Einschätzung haben das wiederholte Erleben von Abenteuern und das erfolgreiche Behaupten in schwierigen – oder gar bedrohlichen – Situationen unsere Entwicklung nachhaltig beeinflusst und die Kinder unserer Generation ziemlich widerstandsfähig gemacht.

Die Kinder der geburtenstarken Jahrgänge sind wahrscheinlich die letzten, die solche umfangreichen kindlichen Freiheitserfahrungen machen durften. In der heutigen Zeit sind „freilaufende Kinder" selten geworden und wir haben es der Überbehütung durch die Erwachsenen und der Möglichkeit zur Dauerobservation zu verdanken, dass Kindern fundamental wichtige Erlebnisse von Freiheit verwehrt bleiben. Welche Auswirkungen dieser Verlust früher Freiheitserfahrung langfristig haben wird, ist noch nicht abzusehen.

Mein besonderes Verständnis von Freiheit hat mich schon zu Beginn meines Berufslebens in die Selbstständigkeit geführt. Zuerst als Profimusiker mit namhaften Künstlern in einem sehr kreativen, aber auch rigorosen und abenteuerlichen Umfeld. „Sex, Drugs and Rock 'n' Roll“ ist bis zum heutigen Tag der Schlachtruf einer vergangenen Epoche, deren Glanz allerdings noch immer strahlt und die eine starke Anziehungskraft, vor allem auf junge Männer, ausübt. Nicht umsonst ist der Song der Rolling Stones „Satisfaction“ zur Hymne einer ganzen Generation geworden. Die Suche nach der jederzeit möglichen Befriedigung der eigenen Wünsche ist jedoch reichlich infantil. Und wenn die Helden dieser Zeit heute in hohem Alter ihre Konzerte vor zigtausenden Menschen zelebrieren, augenscheinlich geliftet durch hochmoderne Medizin und aufwändig unterstützt durch eine perfekte Showbiz-Maschinerie – beide entstammen dem einst vehement abgelehnten Establishment – dann muten solche Events doch etwas paradox an.

Mein Verantwortungsgefühl hat mich damals schon sicher durch so manche Turbulenzen geführt. Disharmonie mit dem eigenen Sein konnte sich bei mir jedenfalls nicht ausbreiten und nach einigen aufregenden Jahren mit vielen Konzerten, Tourneen und CD-Produktionen fasste ich den Entschluss, dieser Branche – zumindest was meine eigene Musikerkarriere betraf – den Rücken zu kehren. Ich wurde Gründer und Geschäftsführer meiner eigenen Schlagzeugschule, zeitgleich Dozent an einer Musikhochschule und gründete meine Familie. Mein aus dem Nichts heraus entstandenes Unternehmen erwarb sich im Laufe der Jahre nationale und internationale Reputation und war für mich eine große Spielwiese, die ich jeden Tag genießen konnte, denn ich durfte die Spielregeln selbst erarbeiten. Ich war Exekutive, Legislative und Judikative in Personalunion und hatte zum Glück immer auch sehr kluge, klar denkende Mitstreiter, die mit mir gemeinsam den Erfolg des Unternehmens generierten. Sie haben mich immer wieder herausgefordert, meine Aufgaben als Führungskraft wahrzunehmen und grundsätzliche Entscheidungen zu fällen.

Die vielfältigen Reibungen, die ich als Selbstständiger erleben durfte und immer noch erleben darf, haben mich sensibel werden lassen für das Verhältnis von Individuum und Kollektiv, von individueller Lebensführung und gesellschaftlicher Notwendigkeit, von Wollen und Müssen, von Freiheit und Zwang.

Durch meine Arbeit als Geschäftsführer, und damit als Mitverantwortlicher für die Lebenswirklichkeit anderer, hat sich mein Blick ungemein geweitet. Ich habe wertvolle Erkenntnisse gewonnen, die mir so in meiner Kindheit, Jugend und auch Studienzeit nicht vermittelt wurden und denen ich bis dahin auch nicht durch eigenes Erleben begegnet war. Ich lernte viele unterschiedliche Menschen aus allen gesellschaftlichen Schichten und aus allen Berufsfeldern kennen: Vom arbeitslosen Handwerker bis hin zum Geschäftsführer eines großen Konzerns. Selbst international erfolgreiche Stars gingen bei mir ein und aus und teilten mit mir ihre Art zu denken. So lernte ich mannigfaltige Sichtweisen kennen und erfuhr, nach welchen Kriterien andere Menschen ihr Leben gestalten und welche Glaubenssätze ihren Handlungen und Entscheidungen zugrunde liegen.

Durch den täglichen Umgang mit all diesen Menschen – Mitarbeitern, Kunden, Geschäftspartnern – konnte ich mein Wissen stetig erweitern. Wenn Brüche sichtbar wurden, machte ich mich auf, ließ mich beraten, studierte und forschte intensiv, um den herausfordernden Situationen gerecht zu werden und neue, kreative Gedanken sowie oft auch ungewöhnliche Lösungen zu entwickeln. So konnte sich meine Expertise nicht nur in strategischen und betriebswirtschaftlichen Fragen ständig verbessern, sondern vor allem auch auf den wichtigen Gebieten von Führung, Kommunikation, Konfliktmanagement und Persönlichkeitsentwicklung. Auf diese umfangreiche Expertise kann ich heute jederzeit zurückgreifen. Ich teile sie gerne mit meinen Klienten.

Die Verantwortung für meine Familie – ich habe mit meiner Frau zwei mittlerweile erwachsene Kinder – gepaart mit der Verantwortung für mein eigenes Unternehmen und meine Mitarbeiter hat mich immer angespornt und mir als nahezu unerschöpfliche Kraftquelle gedient. Selbstständig zu sein bedeutet, die alleinige Verantwortung für das gesamte Geschehen wahrzunehmen – mit allen Konsequenzen, einschließlich der direkten ökonomischen Rückspiegelung auf andere. Dieser Zustand hat mich manchmal an meine persönlichen Grenzen geführt. An diesen Grenzen bin ich stärker geworden, hier habe ich mir bis dahin unbekannte Ressourcen entdeckt, hier habe ich mich weiterentwickelt. Kurz: Hier konnte ich erwachsener werden. Krisen sind Zeiten der Erkenntnis. Sie sind meist von einer kraftvollen Dynamik durchdrungen, die es uns ermöglicht, mit Hilfe von situativer Klarheit und Kreativität geniale Auswege zu finden – vorausgesetzt, wir beherrschen die richtigen Techniken. Das habe ich in meinem Leben schon sehr oft erfahren, allein viele hunderte Male in meinen Beratungen.

Mein Lebensmotto „Die Freiheit der Gedanken ist der Schlüssel zum Glück!“ ist im Laufe der Jahrzehnte immer wirkungsvoller geworden. Erst die Möglichkeit, wirklich frei und ohne Grenzen zu denken, zieht wünschenswerte Gefühle und Handlungen nach sich und leitet Zirkulationseffekte ein, die ihrerseits wiederum freies Denken lancieren und unterstützen. Die dadurch gewonnenen Resonanzen sind meistens sehr positiv, denn „Erfolg ist, was folgt!“, wie Reinhard K. Sprenger, einer der einflussreichsten deutschen Managementberater, zu Recht schreibt. Um diese Resonanzen zu erzielen, braucht man neben exzellentem und jederzeit präsentem Handwerkszeug selbstverständlich auch große Leidenschaft für die Sache. Diese Leidenschaft habe ich immer in allen meinen Tätigkeiten gespürt und stets auch aktiv angeregt. Als Student der Theologie ebenso wie als Ehemann, Vater, Musiker, Geschäftsführer, Unternehmer, Produzent – und seit vielen Jahren als Berater, Coach und Business-Coach.

Leidenschaft ist also zweifellos zentrales Element eines gelingenden Lebens. Es besteht jedoch die Gefahr, dass Leidenschaft als die entscheidende Grundlage für Erfolg missverstanden wird, nach dem Motto: „Wer es wirklich will, der wird es auch schaffen!" In jeder Talkshow sitzen erfolgreiche Menschen, die dieses Mantra vertreten, und die entsprechenden Bücher bei Amazon und Clips auf Youtube dazu sind Legion. Sogenannte Motivationstrainer haben seit etlichen Jahren Hochkonjunktur und verteilen großzügig, meist mit viel Charme und perfekter Rhetorik, ihre süße Speise, deren Genuss sich jedoch rasch mit kräftigem Magengrummeln rächt.

Motivation ist immer intrinsisch. Durch bloßes Anregen von Motivation, der uns allen von Natur aus gegebenen Handlungsbereitschaft, kann selbstverständlich ein blitzartiges Strohfeuer erzeugt werden, das allerdings so schnell wieder verlischt, wie es zu brennen begann. Die Nachwirkungen sind in jedem Fall destruktiv, denn sobald der positive Effekt verblasst, beginnt ein schleichender Prozess der Selbstverachtung: Nun weiß man ja, wie gut es sich anfühlen könnte, und die Enttäuschung über das eigene Unvermögen, diesen Zustand auf Dauer beizubehalten, macht das Selbstwertgefühl noch schwächer als es zuvor schon war. Hüten Sie sich vor dieser Art Nascherei, denn die schädlichen Konsequenzen sind beträchtlich.

Selbstverständlich ist der Wunsch Vater des Gedankens. Aber der Wunsch allein garantiert kein erfolgreiches Handeln. Nur weil ich mir etwas sehr wünsche, bin ich in dem, was ich mir wünsche, nicht automatisch gut – und schon gar nicht automatisch erfolgreich. Es ist notwendig, eine schonungslose Bestandsaufnahme der eigenen Fähigkeiten und Begabungen zu machen (ähnlich einer systematischen Marktanalyse, die mögliche Marktchancen herausarbeitet), wobei ich „Markt“ hier als das Zusammenwirken von Individuen verstehe, die jeweils auf das Handeln der anderen reagieren. So viele großartige Talente schaffen es nicht, aus ihren singulären Begabungen und virtuosen Fähigkeiten einen griffigen Lebensentwurf zu entwickeln. Vor allem im künstlerischen und freiberuflichen Umfeld trifft man viele Menschen, die zwar von Leidenschaft für ihre Sache beseelt sind, die professionelle Seite aber vernachlässigen und den (emotionalen) Wunsch nach Anerkennung und Erfolg über das notwendige Realitätsbewusstsein stellen. Das eigene Können und die sich daraus ergebenden Möglichkeiten richtig einzuschätzen – diese Fähigkeit ist bei so manchem noch nicht ausreichend ausgeprägt. Ein Punkt, der vor allem in Beratungen mit jüngeren Menschen eine Rolle spielt. Sie sind noch näher an der Adoleszenz und tun sich mit dem Verlassen dieser Lebensphase oft noch schwer. Infantile Wünsche hinter sich zu lassen, Realitäten anzuerkennen, das wahre Sein des eigenen Selbst zu akzeptieren, Prozesse zu durchdringen und aktiv die Gestaltung des Lebens zu übernehmen: All das zeichnet Erwachsene aus, die sich ihrer selbst bewusst sind und sich selbst vertrauen.

Bei vielen von Ihnen regt sich jetzt vielleicht der Einwand, dass es aber doch genau diese erfolgreichen Menschen gibt, die ausführlich von ihrer Leidenschaft und Begeisterung für eine Sache berichten und genau diese Passion als Ursache ihres Erfolgs darstellen. Warum das selbstverständlich so sein muss, möchte ich anhand eines einfachen Beispiels erläutern:

Wenn ich Ihnen zwei Würfel in die Hand gebe und frage, wie oft Sie einen Sechser-Pasch direkt hintereinander würfeln können, so werden Sie wahrscheinlich antworten, dass es schon ziemlich ungewöhnlich sei, gleich auf Anhieb überhaupt nur einen einzigen Sechser-Pasch zu würfeln. Zwei oder mehrere hintereinander werden Sie für extrem unwahrscheinlich halten. Und doch gibt es Menschen, die würfeln fünfmal hintereinander einen solchen Pasch. Wie ist das möglich? Ganz einfach: Wenn Sie jeden Menschen in Europa – das sind knapp über 400 Millionen Personen – gleichzeitig würfeln lassen, dann würfeln tatsächlich 11 Millionen von ihnen einen Sechser-Pasch, denn die Chance dafür beträgt 1:36. Lassen Sie diese Personen noch einmal würfeln, haben Sie über 300.000 Personen, die auch den zweiten Pasch schaffen, und so weiter. Am Ende ist es sechs Personen gelungen, direkt hintereinander fünfmal einen Sechser-Pasch zu würfeln. Wenn Sie das Gedankenexperiment mit der gesamten Weltbevölkerung durchführen, kommen Sie sogar auf drei

Menschen, bei denen sechsmal hintereinander ein Sechser-Pasch auf dem Tisch liegt.

Diese Menschen gelten dann als „Sechser-Pasch-Experten“, obwohl sie exakt das gleiche gemacht haben wie alle anderen. Sie sind allerdings durch einen unglaublichen, eigentlich sogar völlig unwahrscheinlichen Zufall belohnt worden, der sich mathematisch zwingend einstellt – einfach deshalb, weil es so viele Mitspieler gibt. Diese Experten sind dann die bekannten „Stars“. Sie werden medial vermarktet und geben in Interviews ihre individuell gewonnenen Weisheiten als Erklärung für ihren Erfolg zum Besten. Mithilfe der modernen Medien treten diese Menschen quasi als Nachbarn in Ihr Leben und stehen durch angebliche Nähe zum direkten Vergleich bereit. Doch lassen Sie sich nicht täuschen: Hier ist ist nicht überragende Persönlichkeit, sondern schlichte Wahrscheinlichkeitsrechnung im Zusammenhang mit gigantischen Zahlen die treibende Kraft. Und außerdem: Auch Sie können mehrere Male einen Sechser-Pasch würfeln – nur eben nicht direkt hintereinander. So what?

In diesem Zusammenhang noch kurz ein Gedanke zum Thema Vergleich: Der Vergleich ist immer die

Ablenkung von der eigenen, individuell erlebten Realität. Geht es mir im Vergleich zu einem anderen besser, kann das einerseits mein Selbstwertgefühl steigern. In „sozial orientierten" Kreisen geht die Tendenz jedoch mehr und mehr dahin, ein schlechtes Gewissen zu erzeugen, das mich als Menschen in meiner Entwicklung und in meiner freien Entfaltung hemmt. Die Botschaft, die hinter solchen Vergleichen lauert, ist immer eine Verzichtsethik. Sie wird uns, angesichts des Elends der Welt, als Gebot der Stunde und argumentativ einleuchtend fortwährend präsentiert. Fällt ein Vergleich vom Start weg negativ für uns aus („Der andere ist so gut – und ich schaffe das nicht!"), geht es uns sofort schlecht und wir werden uns der eigenen Unzulänglichkeit bewusst.

Der Vergleich schadet uns also in jedem Fall, ist immer toxisch und sollte deshalb niemals als Denkschema dienen. Stattdessen sind Sie aufgerufen, wie der kanadische Psychologe Jordan Peterson es ausdrückt, „Ihr Licht in die Welt zu tragen". Entwickeln Sie sich, streben Sie nach mehr, forcieren Sie Ihre Entwicklung aktiv – dann ist die Welt für Sie ein hellerer Ort. Verweigern Sie der Welt die in Ihnen schlummernden Möglichkeiten nicht. Das würde bedeuten, dass Sie Glück in Ihrem Leben verhindern.

Bitte vergessen Sie also jeglichen Vergleich und machen Sie aus Ihrem Leben in jeder Hinsicht das Maximum! Erweitern Sie Ihre Fähigkeiten und lassen Sie Ihr Licht erstrahlen! Je mehr Sie in allen Bereichen Ihres Lebens für sich erreichen, desto besser ist es nicht nur für Sie selbst, sondern auch für alle Menschen in Ihrem Wirkungs- und Verantwortungskreis. Je mehr positive Gestaltungskraft Sie freisetzen, desto besser ist die Situation für Sie und für Ihre Mitmenschen. Eine Verzichtsethik, auch wenn sie sich tarnt und sich, anscheinend harmlos und zum Wohle aller, lediglich ökonomisch ausdrückt, verhindert eine positive, auf die Zukunft hin ausgerichtete Entwicklung. Sie bedeutet Stillstand, den wir uns eigentlich nicht leisten sollten. Seien Sie also erwachsen und geben Sie in allen Bereichen Ihr Bestes! Entwickeln Sie sich immer weiter, zugunsten Ihrer selbst und anderer.

Zurück zu unserem Thema „Die Freiheit der Gedanken ist der Schlüssel zum Glück!“ Freiheit der Gedanken ist für mich der zentrale Ausgangspunkt für kreative Lösungen und ungewöhnliche Lösungsansätze. Diese Lösungen entstehen immer aus einer mehrdimensionalen Betrachtung der aktuellen Situation. Daher werden auch sie fast immer mehrdimensional ausfallen. Nur an einer Stelle zu agieren wäre kurzsichtig und würde den Umständen meistens nicht gerecht werden. Sind strukturelle oder institutionelle Verkrustungen vorhanden, an denen man nichts ändern kann, können diesbezügliche Reformen logischerweise nicht in die Lösung mit einfließen, auch wenn hier eine Veränderung manchmal sehr einfach und oft auch wirkungsvoll wäre. Zum Leidwesen der Betroffenen sind die Entscheider in Organisationen und Institutionen manchmal blind, was diese Zusammenhänge angeht. Doch schon allein das Erkennen defizitärer Strukturen kann, auch ohne Aussicht auf deren Optimierung, zur Lösungsfindung beitragen und Klarheit über vorhandene Wirkmechanismen bringen.

Es kommen allerdings keine Institutionen oder Organisationen zu mir in die Beratung, sondern immer Menschen, die Institutionen und Organisationen vertreten. Diese Menschen bringen ihre Probleme und Fragestellungen mit und wir entwickeln gemeinsam kreative, smarte, stets individuelle Lösungen und neue Handlungsoptionen. Diese Lösungen, Methoden, Tools und Konzepte zielen auf die aktive Gestaltungskraft der Akteure und auf klar darstellbare Prozesse ab. Man könnte auch sagen: Es entstehen neue, kreative Denk- und Handlungsoptionen für das eigene Selbst!

Etwas Grundsätzliches trifft dabei immer zu: Persönlichkeitsentwicklung ist auch eine Begegnung mit der eigenen Angst. Meistens verschwindet sie jedoch sofort nach Beginn des Prozesses fast völlig. Stattdessen bekommen Neugierde, Forschergeist und Gestaltungswille die Oberhand. Leider verhindert die Angst bei vielen Menschen den echten Dialog über die eigenen Ressourcen. Wenn Menschen diesen Dialog aus Angst nur als Selbstdialog gestalten, bringen sie sich um die Möglichkeit, genau diese Angst aufzulösen. Sie verbleiben dann innerhalb ihrer selbstgesetzten Grenzen, bewirtschaften und durchpflügen bekanntes Terrain immer wieder aufs Neue. So kann man der Täuschung unterliegen, dass man sich geistig in Bewegung hält, obwohl man nur seine eigenen Verkrustungen neu aufpoliert. Erst im Dialog, im Austausch, in der Reflexion – und daher aus einem anderen Blickwinkel heraus – kann man an den Ursprung, an die Quelle der eigenen Wahrnehmungen kommen und hier die notwendigen Veränderungen erzielen.

Wir Menschen sind soziale Wesen. Alleine auf einer Insel wird mit der Zeit jeder „verrückt". Wir leben und arbeiten selbstverständlich gemeinsam. Die Interaktion mit anderen – wie ich zu ihnen stehe, wie ich mich mit ihnen fühle, wie ich mich zu ihnen verhalte – bestimmt die Entfaltung meines Selbst. Hier entsteht und entwickelt sich das reife Selbstbewusstsein, die Klarheit des eigenen Seins. Sinnfragen und ethisch-moralische Wertvorstellungen haben hier ebenso ihren Platz wie Fragen nach der Freiheit des Denkens und den daraus erwachsenden Priorisierungen und Konsequenzen, kurz: nach der Resonanz der individuellen Lebensgestaltung. Jeder erzeugt diese Resonanz und wird sich ihrer durch die Spiegelfläche des Gegenübers bewusst. Die persönliche Präsenz gewinnt ihre Strahlkraft immer nur durch den Wiederhall eines Gegenübers. Solche Interaktionsprozesse klar zu erfassen und intellektuell aufzuarbeiten ist eine wichtige Voraussetzung dafür, auch in Zukunft positive Resonanzen zu erzielen und mit sich selbst „ins Reine" zu kommen. Durch Reflexion bekommt der Mensch die Chance, kongruentes Fühlen und Handeln in den unterschiedlichsten Situationen zu entwickeln.

Das Schöne an einem Beratungs- oder Coachingprozess ist: Sie sind nicht alleine. Ich bin mit dabei, wir schauen gemeinsam genau hin, wir gehen gemeinsam auf die Suche, wir sind ein Team. Wir bringen Licht ins Dunkel und finden immer, das kann ich Ihnen versprechen, Erstaunliches und Erfreuliches. Dabei verwandeln wir Angst in Freiheit – die höchste Stufe der Entwicklung. Sie können nur gewinnen! Vorausgesetzt, Sie begeben sich mutig auf die Reise. Es ist faszinierend, zu welchen Veränderungen im Denken, Fühlen und Handeln Menschen im Stande sind, wenn sie sich auf den Weg machen und beginnen, ihre eigenen Ressourcen zu finden und in vollem Umfang zu nutzen, meist zum ersten Mal in ihrem Leben. Das durfte ich schon sehr oft miterleben und unterstützend, professionell beratend begleiten.

In meinen Beratungen erzählen mir viele Menschen ihre Lebensgeschichten und oft berichten sie auch von ihren anderen Menschen gegenüber streng gehüteten Gefühlen, Gedanken, Vorstellungen und Wünschen. Das gegenseitige Vertrauen und meine selbstverständliche Diskretion erlauben es, diesen Schritt gefahrlos zu gehen. Ohne das Hinuntersteigen auf diese besondere Ebene bliebe die Unterstützung lediglich an der Oberfläche. Hier ist besondere

Sensibilität gefragt. Durch behutsames Vortasten können wir meistens schnell erfassen, wo sich die entscheidenden Brüche befinden und an welcher Stelle mögliche Ansatzpunkte für eine Lösung liegen. Wenn sich jemand öffnet, geht der analytische Prozess ziemlich rasch voran. Erst, wenn ich in dieser Beziehung das Mandat von meinem Klienten habe, gehen wir „in medias res“ und die Lösungsfindung kann beginnen.

Geschäftsführer, Führungskräfte, Selbstständige und Freiberufler beiderlei Geschlechts kommen zu mir aus den unterschiedlichsten Branchen, MKUs, Konzernen, Organisationen und Institutionen. Im Allgemeinen meistern sie ihr Leben erfolgreich, sind aber an einem Punkt angelangt, an dem sie merken, dass sie alleine nur schwer weiterkommen, dass neue, kreative Gedanken und ein neuer Blickwinkel hilfreich wären. Sie stehen oft auch vor sogenannten „unlösbaren“ Aufgaben. Das können Schwierigkeiten im Unternehmen sein, Entscheidungsfragen, strategische Problemstellungen, aber auch rein persönliche, situative Herausforderungen wie Karriereplanung, Konflikte, Wunsch-versus-Wirklichkeit-Situationen, Frustration oder Themen im Spannungsfeld zwischen Berufsleben und Privatleben, Probleme in der Familie bzw. in der Partnerschaft und vieles andere mehr. Im extremsten Fall bricht fast alles zusammen und der Berg der anstehenden Aufgaben scheint riesengroß. Einen solchen Berg teilt man dann stets in kleinere Module auf und löst ein Problem nach dem anderen. Damit bekommen wir den gesamten Berg ohne Ermüdungserscheinungen abgearbeitet und sind nicht von der schieren Wucht und Dimension der Arbeit überfordert.

Tagtäglich versetze ich mich gedanklich in das Leben und Wirken meiner Klienten hinein und helfe ihnen dabei, durch neue Perspektiven neue Ideen, Handlungsoptionen und damit mehr Gestaltungskraft zu entwickeln. Eine professionelle Partnerschaft auf Augenhöhe ist der Garant für einen gelingenden Prozess, an dessen Ende mehr Vertrauen, mehr Klarheit, mehr Entscheidungssicherheit, mehr Prioritätsbewusstsein und mehr Selbstachtung stehen. Kurz: Die Menschen sind erwachsener geworden.

Ich bin in der Tat nicht klüger als meine Klienten. Oft treffe ich mit sogenannten „Top-Performern“ zusammen, also mit Menschen, die sehr verantwortungsvolle Berufe ausüben und deren Karriere meist im Zeitraffer abläuft. Jedoch habe ich ihnen gegenüber einen entscheidenden Vorteil: Ich bin emotional nicht in ihr Leben involviert. Sie sehen oft „den Wald vor lauter Bäumen nicht“ – ich aber habe den freien Blick. Ich nehme vielfältige Perspektiven ein, schaue von außen, von links und rechts, von oben und unten auf Prozesse, kann mich aber auch sehr fokussiert, manchmal sogar mikroskopisch genau, damit befassen. Das versetzt mich in die Lage, zugrunde liegende Zirkulations- und Rückkopplungsprozesse zu erfassen – einer meiner substanziellen Beiträge, wenn ich mit Menschen arbeite.

Da auch ich selbst meine eigenen Fragestellungen habe, meinen eigenen „Wald“ vor lauter Bäumen nicht immer klar und deutlich sehen kann, gehe auch ich, neben meiner regelmäßigen Supervision, zu einem Berater. In dieser Hinsicht befinde ich mich mit meinen Klienten ganz auf einer Ebene und bin mit beiden Seiten vertraut.

Einen großen Teil meiner beruflichen Karriere habe ich mit didaktischen und pädagogischen Konzepten verbracht und schon vor langer Zeit ist die Idee gereift, solche Konzepte auch in meine Beratungen mit einfließen zu lassen. Ich bin immer bestrebt, hoch komplexe Zusammenhänge möglichst einfach und greifbar darzustellen, denn anders sind meiner Überzeugung nach wichtige Erkenntnisse im Alltag fast nicht zu gebrauchen. Menschliches Wissen ist in unvorstellbarem Umfang vorhanden, aber wenn es nicht in klaren Denkschemata präsentiert wird, bleibt es rein akademisch. Aufgabe einer seriösen Beratung ist es, hier Abhilfe zu schaffen und komplexe Zusammenhänge so zu erklären, dass Menschen gewonnene Erkenntnisse gewinnbringend einsetzen können. Ein Modell bleibt immer ein Modell, es hilft jedoch, Vorgänge einleuchtend zu illustrieren. Überspitzt ausgedrückt: Ein Modell ist der Versuch, eigentlich nicht Darstellbares darzustellen. Nehmen wir das Beispiel unseres Sonnensystems. Wir alle kennen noch aus unserer Schulzeit die Abbildung der unterschiedlichen Planetengrößen im Verhältnis zur Sonne. Es handelt sich hierbei um ein Modell par excellence. Die tatsächlichen Größenordnungen können unmöglich dargestellt werden, denn wenn die Sonne im maßstabsgetreuen Modell einen Durchmesser von 1 Meter hätte, wäre die Erde im Abstand von 100 Metern nur 9 mm groß. Der Planet Pluto hätte mit einem Durchmesser von 1,5 Millimetern 4 km Abstand zur Sonne. Es ist also nicht machbar, die wahren Dimensionen vereinfacht wiederzugeben. Die Darstellung kann nur ein Modell sein. Kein Problem – eigentlich. Gefährlich wird es erst, wenn aus von Menschen erdachten Modellen die „Wirklichkeit“ wird, wenn Menschen anfangen, den modellhaften Charakter von Erklärungsmustern auszublenden und diese Erklärungsmuster als „echt“ betrachten. Bei unzähligen Theorien ist das der Fall, leider auch bei Religionen. Aus individueller religiöser Einsicht wird eine für alle gültige Wirklichkeit gezimmert – die Folgen daraus sind bekannt. Auch in der Psychologie gibt es solche Tendenzen. Man sollte sich daher immer vor Augen halten, dass ein Modell nur der Versuch ist, Wirklichkeit abzubilden. Auch ich erfinde nichts Neues, ich kann jedoch helfen, Zusammenhänge zu erfassen, die bis dahin so nicht sichtbar waren und die durch die gemeinsame Arbeit mit dem Klienten endlich visualisiert werden können. Modelle sind hier eine nicht zu unterschätzende Hilfe.

Wir alle benötigen in unserem täglichen Leben „Leitplanken“, die uns, um beim Bild zu bleiben, vor „Unfällen“ bewahren. Mitzuhelfen, diese Leitplanken einzuziehen und eventuell alte, unbrauchbar gewordene abzuräumen – auch das ist Aufgabe eines guten Beraters und Coaches. Neben individuellen Glaubenssätzen und persönlichen Erfahrungen und Erkenntnissen gibt es als nützliche Leitplanken auch die sogenannten „Tools“. Diese Werkzeuge können in schwierigen Situationen helfen, zeitnah klar reflektierte Entscheidungen zu treffen. Je konkreter und ausgestalteter das Bild eines Tools ist, desto wirkmächtiger kann es sein.

Um Ihnen in diesem Buch ein anschauliches Beispiel zu geben, habe ich eines der simpelsten und gleichzeitig effektivsten Tools meines Werkzeugkastens ausgesucht: Das Torero-Tool. Wie alle meine Werkzeuge trägt es einen einprägsamen Namen, um die Kommunikation mit meinen Klienten zu erleichtern, die Präsenz des Tools beim Klienten zu erhöhen und seine maximale Entfaltung sicherzustellen.

Der Vorteil, den meine Tools bieten, liegt auf der Hand: Sie machen zugrunde liegende Prozesse transparent und ihre Anwendung lässt sich flexibel auf konkrete Situationen abstimmen. Es geht also nicht um direkte Handlungsanweisungen, sondern um Denkschemata, die für die unterschiedlichsten Situationen ein allgemeines Instrumentarium zur Verfügung stellen – die genaue Ausgestaltung ist Sache des Benutzers. Wie das hier vorgestellte gibt es sehr einfache Tools, aber auch solche, die hoch komplexe Zusammenhänge wirksam abbilden. Manche kann man fast jeden Tag zum Einsatz bringen. Sie haben eine solch verblüffende Wirkung, dass durch ihre Anwendung Erfahrungen möglich sind, die bis dato außerhalb jeglicher Reichweite lagen.

Das Torero-Tool behandelt einen Aspekt, der im Leben aller Menschen eine Rolle spielt: den Umgang mit erlebter Aggression. Es geht darum, wie Sie am besten auf diese bedrohliche Situation reagieren können. Die zugrunde liegende Technik wurde bereits hundertfach – auch auf höchster diplomatischer Ebene – erfolgreich eingesetzt und von etlichen meiner Klienten als ein für den Alltag hervorragendes Instrument bewertet.

*Freiheit ist nichts als die Möglichkeit, unter allen Bedingungen das Vernünftige zu tun.*

Johann Wolfgang von Goethe (1749 - 1832)

## 2. Teil

## Das Torero-Tool

Jeder Mensch erfährt in seinem Leben Aggression: Ob eher harmlos und anonym, wie zum Beispiel im Straßenverkehr, ob im Beruf mit Vorgesetzten und Kollegen oder in der Familie mit dem eigenen Partner, den eigenen Eltern, den eigenen Kindern.

Viele von uns sind in solchen Situationen verunsichert und wissen nicht, wie eine adäquate Reaktion aussehen könnte. Selbst erfahrene Manager und Geschäftsführer wissen oft keinen eindeutigen Rat, haben keinen Fahrplan und handeln „aus dem Bauch" heraus. Sie handeln damit oft passend, manchmal unpassend und gelegentlich leider auch katastrophal. Um solche unscharfen Reaktionen zu vermeiden, benötigt man eine neue, klarere Denkweise.

Das Torero-Tool soll ein klein wenig Licht ins Dunkel bringen. Ich spreche in diesem Zusammenhang selbstverständlich nicht von körperlicher Gewalt, die andere Interventionen erfordert, wenngleich die Torero-Strategie sogar hier Orientierung bieten kann.

Es ist leider nicht möglich, aggressives Verhalten unserer Mitmenschen dauerhaft zu verhindern – egal, wie Sie sich verhalten. Der Aggressor nimmt ja gerade Ihr (womöglich bewusst harmloses) Verhalten als den Auslöser seiner Aggression wahr. Ob das aus Ihrer Sicht begründet oder unbegründet ist, spielt dabei keine Rolle. Entscheidend ist nicht sein Angriff, sondern Ihre Position. Wir alle haben als Kinder gelernt: Zum Streiten gehören immer zwei. Das ist nicht ganz richtig – einer reicht vollkommen aus: derjenige, der Streit haben will. Sie können allerdings für sich selbst entscheiden, wie weit Sie sein Spiel mitspielen möchten.

Manche Menschen sind davon überzeugt, dass es richtig und sogar geboten sei, Aggression einfach über sich ergehen zu lassen, sich nicht zu wehren, sich einfach wegzuducken und abzuwarten. Dies ist jedoch bei näherer Betrachtung keine sinnvolle Reaktion. Mit absolut sicherer Mechanik verlieren wir dadurch unsere Selbstachtung und beschädigen unseren Selbstwert. Wer auf Aggression nicht adäquat reagiert verliert in jedem Fall – längerfristig kann man davon sogar krank werden.

Als sinnvoller erster Schritt bleibt uns erst einmal nur die Akzeptanz des aggressiven Verhaltens, das uns entgegengebracht wird. Akzeptanz ist eine der wichtigsten Regeln, die wir als unverrückbare Leitplanke in unser Leben einbauen sollten: Akzeptiere, was ist! Schaue genau und ohne Tabus hin, betrachte möglichst viele Aspekte aus verschiedenen Blickwinkeln und verschleiere nichts! Sei vor allem ehrlich zu dir selbst und zu anderen! Damit meine ich nicht die Ehrlichkeit im alltäglichen Sprachgebrauch, wo das Wort bedeutet: „Sage, was tatsächlich ist oder war!“, sondern die Ehrlichkeit, mit der wir uns unserer inneren Konflikte bewusst werden und versuchen, die unterschiedlichen Positionen in uns miteinander zu versöhnen.

Das ist ein sehr wichtiger Ansatz im Coaching-Prozess. Denn innere Konflikte können oft der Grund für aggressives Verhalten sein. Es ist sehr aufwändig, diese Konflikte „aufzustöbern“, ihre Präsenz auszuhalten und dann im Idealfall ihre Auflösung zu bewirken. Daran scheitern viele unserer Mitmenschen und das Ergebnis ist, wie erwähnt,

Aggression. Eine entscheidende Rolle spielt dabei auch das Phänomen der Projektion: Man belangt den anderen Menschen für die eigene Unzulänglichkeit und kann so ganz gezielt dagegen vorgehen. Zumindest für den Aggressor fühlt sich ein solches Verhalten stimmig an – letztendlich ist es jedoch nur eine infantile Position. Die Projektion ist ein schon sehr lange erkanntes Prinzip des menschlichen Verhaltens, das uns leider immer wieder in Schwierigkeiten bringt und große emotionale Verwerfungen produziert. Erst die Akzeptanz der eigenen inneren Konflikte und, daraus abgeleitet, eine saubere Diagnose der verschiedenen Perspektiven ermöglichen eine gute, lösungsorientierte Reflexion und Reaktion.

Für unser Torero-Tool sind die verschiedenen Gründe der Aggression unbedeutend. Klar ist: Der eigentliche Auslöser des aggressiven Verhaltens liegt immer im Inneren des Aggressors, in seiner spezifischen Innenwelt, nie in der Situation selbst. Derjenige, der auf uns mit Aggression reagiert, sieht selbstverständlich *uns* als sein Ärgernis (denn wir sind ja seine Projektionsfläche). Er macht für sich genommen alles „richtig“ und hat, aus seiner Sicht, gute Gründe für sein Verhalten. Er kann sein aggressives Verhalten gut legitimieren und erzeugt Aggressionsgründe hin und wieder ganz bewusst auch selbst. Schon als Jugendlicher habe ich diese Erfahrung gemacht: Die ortsansässige, Joppe tragende Motorrad-Gang machte sich immer wieder einen Spaß mit uns jungen Burschen. Nach der Frage „Was schaust du denn so frech?“ war es egal, was man erwiderte. Die Tracht Prügel folgte prompt. Wir konnten nur „falsch“ antworten. Also gab es nur eines zu tun, wenn man mit dieser Provokation konfrontiert wurde: So schnell wie möglich abzuhauen – und zum Glück waren wir gute Läufer...

Das Torero-Tool kann also dann zum Einsatz kommen, wenn andere Menschen mit unserem Handeln oder unserem bloßen Sein nicht im Einklang sind und diesen Zustand durch Aggression kommunizieren. Meistens von starken negativen Gefühlen wie Wut, Ärger, Neid, Scham, Rache, Eifersucht u. a. erfüllt, möchte der Aggressor uns, absichtlich oder unbewusst, auf irgendeine Art und Weise Schaden zufügen.

Diese Beschädigung zu verringern oder im Idealfall ganz zu verhindern ist das erklärte Ziel des Tools. Denn wenn der Aggressor mit seiner Aggression Erfolg hat und wir selbst emotional hitzig (also aggressiv) reagieren, verlieren wir gleich mehrfach: Erstens durch die sofort stattfindende Selbstinfantilisierung – schließlich degradieren wir uns zum Opfer des anderen – und zweitens durch die unausweichliche Selbstbeschädigung aufgrund unseres eigenen Handelns. Diese Selbstbeschädigung tritt immer ein. Sie lässt sich nie verhindern.

Um das Torero-Tool zu veranschaulichen, kommt nun das Bild des Matadors ins Spiel. Zur Erläuterung: Gemeint ist der spanische Stierkampf, nicht der französische, bei dem die Raseteurs (junge Männer) den Stieren lediglich bunte Bänder von den Hörnern zupfen und sich beim Angriff des Stiers artistisch hinter eine Bretterwand flüchten. Im spanischen Stierkampf trifft der Torero auf ein eigens dafür gezüchtetes, hoch aggressives Tier, das am Ende fast immer tot aus der Arena gezogen wird. (Eine kleine Bitte: Betrachten Sie dieses Bild nicht aus Tierschutzperspektive, darum soll es in diesem Zusammenhang nicht gehen.)

Das Bild des Toreros ist beim Torero-Tool auf mehreren Ebenen passend: Der Torero stellt sich der gefährlichen Situation, und das freiwillig! Er steht mit beiden Beinen fest auf der Erde, ist maximal selbstbewusst und strahlt größten Mut aus. Mut ist eine der wichtigsten Eigenschaften, die uns Menschen zur Verfügung stehen, um schwierige Situationen zu meistern. Man benötigt allerdings nur dann Mut, wenn man tatsächlich Angst empfindet. Hat man keine Angst, braucht man auch keinen Mut, denn dann ist man, sollte die Situation tatsächlich gefährlich sein, nur naiv. Es ist mir wichtig, auf diese Unterscheidung hinzuweisen, denn in manchen Situationen ist Angst absolut gerechtfertigt. Überwinden lässt sich Angst nur durch Mut – eine zentral wichtige Ressource für uns alle! Nicht obwohl, sondern weil ich Angst habe, brauche ich Mut zum Handeln. Die Lösung einer solchen Situation liegt also nicht nur in der Beseitigung der Angst, sondern auch im Stärken und Etablieren von Mut! Frischen Mut braucht man übrigens auch, um neu und freier denken zu können. Mit meinen Klienten arbeite ich besonders intensiv an diesem Punkt: Woher kann der Mut kommen, dieses oder jenes endlich konsequent anzugehen oder neu zu denken? Auf welche Ressourcen kann ich zurückgreifen? Welche Erfahrungen habe ich schon gemacht? Welche Gedanken können mir helfen?

Mut und Selbstvertrauen sind Geschwister, die Hand in Hand gehen. Die Psychologie ist in folgendem Punkt ganz klar: Selbstvertrauen entwickelt man nur durch die Überwindung von Schwierigkeiten aus eigener Kraft! Die Hilfe von anderen Menschen wirkt hier manchmal sogar kontraproduktiv, denn sie verhindert die Entwicklung eines gesunden, gefestigten Selbstvertrauens. Wird dies erkannt, erweisen sich plötzlich ganz neue pädagogische Konzepte als sinnvoll – und die schädliche Wirkung des Paternalismus (sei er auch noch so gut gemeint) wird offensichtlich.

Doch gehen wir weiter im Bild: Der aggressive Stier stürmt auf den Torero los, der Stierkämpfer weicht bei jedem Angriff mit einer tänzelnden Bewegung aus. Dieses Verhalten verblüfft den Stier, der daraufhin wiederholt zum Angriff übergeht: Ein Tanz, der nach einem ausgeklügelten Drehbuch so lange dauert, bis der Torero schließlich seinen Degen in das Herz des Tieres rammt und damit den Kampf für sich entscheidet.

Nun übertragen wir einen Teil des Verhaltens, das den Torero in der Arena auszeichnet, auf uns: Wir weichen galant aus! Und schon haben wir das Denkschema, um das es im Torero-Tool geht: „Galantes Ausweichen“ ist die angemessene Reaktion auf Aggression.

Wenn Sie sich angewöhnen, galant auszuweichen, sobald Sie mit aggressivem Verhalten konfrontiert werden, kommen Sie meist völlig unbeschadet aus der Situation heraus. Da Kommunikation immer mehrdimensional verläuft, erzeugen Sie damit aller Wahrscheinlichkeit nach sogar weitere positive Effekte, denn Sie werden von Dritten als souveräner Akteur wahrgenommen. Dies hat u. a. mit der „persönlichen Präsenz“ zu tun – einem weiteren mächtigen Tool, das ich mit meinen Klienten ausführlich erarbeite. Sie können also den Angriff eines Menschen für sich selbst zum Vorteil gestalten – vorausgesetzt, Sie erkennen die Zusammenhänge und sind in der Lage, Situationen richtig zu bewerten.

Möglicherweise kommt bei Ihnen nun die Frage auf, wie „Galantes Ausweichen“ im konkreten Fall aussehen kann? Die Antwort ist einfach: Man weicht immer so aus, dass der Aggressor ins Leere läuft und verblüfft ist. Durch eine solche Reaktion bleiben Sie Herr über die Situation. Sie dominieren und gestalten die Szenerie. Selbstverständlich ist dafür Schlagfertigkeit von Vorteil. Auch ein schnelles Erfassen der Situation erweist sich als hilfreich. Beides kann man lernen und natürlich auch seriös üben.

Ein international bekanntes Beispiel für „Galantes Ausweichen“ ist die Reaktion des amerikanischen Vermittlers William Ury auf heftige verbale Angriffe von Seiten des tschetschenischen Vizepräsidenten bei der Tschetschenienkonferenz 1991. Der Vizepräsident ging Ury in einem sehr aggressiven Ton an: „Sie sind Amerikaner, schauen Sie nur, was Sie in Puerto Rico gemacht haben!“ Darauf entgegnete Ury: „Ich bedanke mich für Ihre Bemerkung und schätze die Kritik an meinem Land. Ich nehme es als Zeichen dafür, dass wir unter Freunden sind und offen miteinander reden können. Wir sind nicht hier, um über die Vergangenheit von Puerto Rico zu sprechen, sondern um einen Weg zu finden, das Blutvergießen in Tschetschenien zu stoppen.“ Das ist „Galantes Ausweichen“ vom Feinsten!

Noch ein Beispiel aus meinem eigenen Leben: Ich wurde vom Assistenten der Geschäftsführung einer Internetfirma zur Kommunikationsberatung gebucht. Am vereinbarten Termin saß ich mit dem Assistenten und zwei weiteren Mitarbeitern im Sitzungsraum, als der Geschäftsführer und Inhaber hereinkam. Er hatte offensichtlich schlechte Laune und eröffnete das Meeting mit den Worten: „Herr Schütz, ich hätte Sie nicht ausgesucht, denn Ihre Webseite hat mich überhaupt nicht angesprochen! Ihre Kommunikation hat bei mir nicht funktioniert, mein Assistent wollte aber unbedingt Sie!" Ich war im ersten Moment überrascht von diesem Angriff, entgegnete dann aber seelenruhig: „Schönen guten Tag Herr Soundso, danke für Ihre Kritik – da ich jetzt jedoch hier sitze, kann meine Kommunikation so schlecht nicht sein..." Die Antwort des Geschäftsführers lautete: „Eins zu Null für Sie!" und wir hatten nach diesem ungewöhnlichen Start drei sehr kreative und erfolgreiche Tage miteinander.

Abschließend ein fiktives Beispiel: Im Meeting wird der Chef vor versammelter Runde von einem Mitarbeiter aggressiv angegangen. Nun muss er blitzschnell entscheiden: Reagiert er ebenfalls aggressiv, gewinnt er womöglich die Oberhand über den Aggressor, verliert aber auf der anderen Seite gegenüber den restlichen Mitarbeitern, die natürlich genau beobachtet haben, dass ihr Chef die Contenance verloren hat. Eine bessere Entgegnung, im Sinne des Torero-Tools, wäre: „Herr Soundso, danke für

Ihren Beitrag. Ich brauche noch weitere Informationen, um Ihnen adäquat antworten zu können. Bitte kommen Sie morgen in mein Büro, dann klären wir das." Sollte der Mitarbeiter zu einer weiteren Attacke ansetzen, kann der Chef wiederum entspannt in dieselbe Richtung argumentieren: „Es nützt nichts, dass Sie sich wiederholen. Ich hatte Ihnen ja eben schon gesagt, dass ich noch weitere Informationen benötige, bevor ich Ihnen angemessen antworten kann."

Dieses Beispiel veranschaulicht auch gleich den allgemeinen Tipp, den ich denjenigen unter Ihnen geben möchte, die sich mit Schlagfertigkeit (noch) schwer tun: Erst einmal Zeit gewinnen! Das ist in jedem Fall besser als ebenfalls mit Aggression zu reagieren. Tatsächlich können Sie nahezu jeden Angriff mit den folgenden Worten abblocken: „Was Sie eben gesagt haben, würde ich gerne noch in Ruhe prüfen, bevor ich Ihnen antworte. Bitte geben Sie mir bis ... Zeit!"

Die Methode „Zeitgewinn" sollte man also immer in der Hinterhand haben, um aggressive Angriffe ins Leere laufen zu lassen und nicht ungeschützt in die Falle zu tappen. Sich die notwendige Zeit zum Reagieren zu verschaffen und das mit angemessenen

Worten zu kommunizieren – auch das ist ein Musterbeispiel für „Galantes Ausweichen".

Sie werden sehen: Mit der Zeit und mit ein bisschen Übung bekommen Sie solche belastenden Situationen bestens in den Griff. Und das Schöne daran ist: Jede gut überstandene Konfrontation macht Sie selbstsicherer, sodass Sie in den nächsten Situationen noch besser gerüstet sind.

Um noch einmal das Bild zu bemühen: Sie sind der Torero! Der Stier hat immer größere Körperkraft und mehr Ausdauer als Sie. Wenn Sie sich seiner Aggression mit seinen Waffen entgegenstellen, kommt es zum unvermeidlichen Schlagabtausch und Sie verlieren in jedem Fall. Auch wenn Sie scheinbar „gewinnen" – Ihre eigenen Blessuren sind der Preis, den Sie dafür bezahlen. Deshalb mein Rat: Weichen Sie galant aus! Das Wundermittel dafür heißt: Zeit gewinnen.

Noch ein paar Sätze zum spanischen Stierkampf, der eine sehr alte Tradition hat: Er ist in der Tat ein Symbol für die Überlegenheit der menschlichen Vernunft über die wütende Bestie. Dass dieses Symbol nicht mehr wirklich verstanden wird, ist der Moderne geschuldet, die sich ja auch von anderen alten Riten verabschiedet hat. Das Symbol der Bestie, des Bösen, Christen nennen es den Teufel, findet man übrigens in allen Religionen, wie auch dessen Überwindung.

Das Torero-Tool wirkt, indem es eine Selbstinfantilisierung und (sonst unvermeidliche) Selbstbeschädigung verhindert. Selbstinfantilisierung findet immer dann statt, wenn Sie auf Aggression ebenfalls mit Aggression reagieren, denn durch diese Reaktion geraten Sie, genauso wie der Aggressor, in eine emotionale Verdichtung. Als Torero hingegen haben Sie die Situation immer fest im Griff und wissen genau, was zu tun ist. Sie erreichen dadurch die volle Gestaltungskraft, Emotionen stehen im Hintergrund. Sie fühlen sich nicht ausgeliefert, sondern bekommen die Oberhand. Das Gefühl des Ausgeliefertseins erzeugt immer eine Opferhaltung, auf die Menschen meist erneut mit Aggression reagieren. Bei Menschen mit schwachem Selbstwertgefühl kommt es sogar fast zwangsläufig zu Selbstaggression oder Selbstverachtung. Den Gedanken: „Ich bin ausgeliefert!", „Ich bin hier das Opfer!" können übrigens auch Chefs so äußern. Solches Denken ist immer ein Akt der Selbstinfantilisierung und niemals eine erwachsene Reaktion. Sie erinnern sich? Unser Thema heißt „Radikales Erwachsensein“!

Erwachsene Menschen sind sich ihres Gestaltungsspielraums bewusst und nutzen diesen in vollem Umfang. Erwachsene Menschen verstehen, wie und warum andere Menschen Gefühle und Handlungen generieren – und sie tolerieren diese, auch wenn die Konsequenzen daraus nicht erfreulich sind. Menschen sind nicht perfekt. Der andere Mensch hat ein Recht darauf, sich auch einmal unangemessen zu verhalten. Nur muss ich es ihm nicht gleichtun. Soll er den Anstand verlieren – mir passiert das nicht! Soll er sich in ein negatives Gefühl hineinmanövrieren – ich tue das nicht! Soll er sich selbst infantilisieren – ich bleibe erwachsen!

Es ist evident, dass nur erwachsene Menschen adäquat auf aggressives Verhalten reagieren können. Sie lassen den anderen in seiner Rolle als Aggressor und kontrollieren nur ihre eigenen Gedanken, Gefühle und Handlungen: Eine Fähigkeit, die man lernen kann.

Noch ein Hinweis: Viele Menschen reagieren auf aggressives Verhalten mit „Beleidigtsein“. Es ist der

Versuch, den anderen zu einer Reaktion zu nötigen, ihm klar zu machen, dass er einen Fehler gemacht hat und diesen dringend bereinigen sollte. Um diese Botschaft zielführend zu kommunizieren, gibt es jedoch eine viel erwachsenere Methode: Miteinander sprechen! Auch das ist schon seit etlichen Jahrhunderten bekannt: „Wir wissen nichts voneinander, wenn wir es uns nicht sagen!" (René Descartes). Anstatt wie ein Kind beleidigt zu reagieren, suchen erwachsene Menschen die Kommunikation. Nur auf diesem Weg lassen sich Brüche heilen und Schwierigkeiten auflösen.

Nun haben Sie vielleicht den Einwand, dass es beim Stierkampf am Ende immer einen Sieger gibt. Meistens ist es der Torero, in sehr seltenen Fällen der Stier. Hier sehen Sie die Versöhnlichkeit meines Bildes. Es kommt mir nur auf das Verhalten des Toreros an! Im Alltag genügt das „Galante Ausweichen" nahezu immer, um einer Konfrontation friedlich zu begegnen – einen Verlierer gibt es hier nicht. Niemand kommt zu Schaden, jede Partei kann ihr Gesicht wahren. Das ist vor allem bei innerbetrieblichen und innerfamiliären Konflikten ein zentraler Punkt: Respektvoller Umgang miteinander kann gestaltet werden und jedem ist es möglich, die „Arena“ erhobenen Hauptes zu verlassen.

Wenn das Torero-Tool nicht angewandt wird, die Situation eskaliert und die Kontrahenten sich so fest ineinander verbeißen, dass keine Entspannung eintreten kann, gibt es die Möglichkeiten der Mediation, des Konfliktmanagements und, falls das alles nicht hilft, in modernen Demokratien einen dafür zuständigen Rechtsrahmen, der Klarheit und damit Entspannung herstellen kann. Mir ist die Problematik des Rechts und des Rechtbekommens vollkommen bewusst und ich erkenne die Unzulänglichkeit der Rechtsprechung an. Mehr als einmal war ich bei gerichtlichen Auseinandersetzungen dabei – als Unternehmer lässt sich das kaum vermeiden. Doch leider hat sich die Menschheit bisher noch nichts Zielgenaueres ausgedacht und es ist auch nichts in Sicht, was an diesem Zustand etwas ändern könnte.

Bei all diesen Fragen kommt auch wieder mit Macht das Thema Gerechtigkeit ins Spiel. Sie ist ein überhoher Anspruch, sodass wir, wie gesagt, besser von Fairness sprechen sollten. Gerechtigkeit lässt sich allenfalls punktuell, aber leider nie universell herstellen. Doch trösten Sie sich: Die Erkenntnis der

Unvollkommenheit ist, wie schon erläutert, der Beginn menschlicher Zivilisation. Sich dessen bewusst zu werden, was „gut“ und was „böse“ ist, stellt einen Akt der Differenzierung aufgrund der menschlichen Ratio dar. Sollten Verletzungen allerdings zu tief gehen, kommen wir mit rein rationaler Überlegung nicht mehr weiter. Wir können mit dieser Methode im Extremfall keinen „inneren Frieden“ finden. Dafür hat der Mensch eigens eine Kategorie entdeckt, die als Brücke für die menschliche Unzulänglichkeit fungiert und auch tiefe Gräben überspannen kann: Den Akt des Verzeihens und der Vergebung.

Wenn sich Menschen diese Dimension eröffnen, können sie für sich eine substanzielle Erfahrung machen: Den anderen Erwachsenen in seinem Sein zu respektieren. Auch er hat, wie ich selbst, innere Brüche und Unzulänglichkeiten. Die daraus entstehenden tiefen Spalten können nur durch Akzeptanz überwunden werden. Bei sehr starken Verwerfungen hilft einzig und allein Vergebung.

Zurück zum Torero-Tool: Wenn Aggression so weit geht, dass daraus „Krieg“ wird, im Kleinen wie im Großen, befinden wir uns in einer Extremsituation, die noch ganz andere Interventionen erfordert. Das

Torero-Tool ist demgegenüber ein Instrument für den Alltag, ein Denkschema, das Sie mutiger macht, wenn Ihnen Aggression entgegentritt. Sie haben damit ein wirkungsvolles Werkzeug in der Hand, das Sie vor Schaden schützen kann, wenn Sie es zielgerichtet einsetzen.

Wie bei allen Prozessen zur Persönlichkeitsentwicklung ist immerwährende Übung unerlässlich. Unsere Denkmuster und Glaubenssätze, die Persönlichkeitsprägungen, die nach der Pubertät unseren individuellen Charakter geformt haben, wehren sich meist hartnäckig, wenn man sie verändern möchte. Kleine Schritte sind also schon große Erfolge! Lassen Sie sich auch durch Rückschläge nicht verunsichern – Entwicklungen verlaufen oft nach dem Motto „Zwei Schritte vor, einer zurück!" Das ist normal und es ist eher ein Zeichen für als gegen eine Entwicklung hin zum Besseren. Nutzen Sie also jede sich bietende Gelegenheit, um Fortschritte zu erzielen – es ist noch kein Meister vom Himmel gefallen. Sie werden sehen: Die Mühe lohnt sich. Sie werden das Torero-Tool immer virtuoser anwenden können und am Ende steht ein fantastischer Lohn: Das gute Gefühl, wie ein Erwachsener zu reagieren.

## Epilog

Dieses Buch zu schreiben hat mir sehr viel Freude bereitet. Der lockere Streifzug durch einen kleinen Teil meiner täglichen Themen hat bei mir an der einen oder anderen Stelle auch neue Vibrationen erzeugt und mir gezeigt, welche Dimensionen noch in den Prozessen meiner Coaching-Arbeit stecken. Dadurch fühle ich mich ermuntert, auch die „großen" Themen und Tools zu beschreiben und anderen Menschen zur Verfügung zu stellen. Ich freue mich schon darauf!

Bedanken möchte ich mich an dieser Stelle bei meinem Lektor Markus Liebler. Die Zusammenarbeit mit ihm hat meine Gedanken weiter geschärft und meinen Text noch griffiger und klarer gemacht.

Ein großes Dankeschön gilt aber auch meinen Klienten. Durch ihr Vertrauen darf ich in Welten eintauchen, die sonst nicht in meinem Leben präsent wären. Die Gedanken, die sie mit mir teilen, ihre Erlebnisse, Erfahrungen und Gefühle bereichern mein Leben und mein Denken. Das echte Leben ist so viel spannender als jeder noch so gut gemachte Spielfilm.

Die Moderne hat eine solche Dynamik entwickelt, dass wir Menschen vor vielen Fragen und Rätseln stehen und in einem Dickicht aus Ideen und Konzepten feststecken. Eine universelle Antwort auf individuelle Fragen kann es nicht geben. Mit freiheitlichen und kreativen Gedanken kommen wir der „Wahrheit“ aber doch so nahe, dass wir unser Leben auf eine Weise leben können, die uns zufrieden und glücklich macht – was auch immer jeder Einzelne für sich darunter verstehen mag.

Für mich bedeutet der Terminus „Glück“ das Erleben des Daseins in all seinen Facetten. Selbstverständlich gehören dazu auch Situationen und Umstände, die wir uns nicht wünschen. Aber trotz aller Unwägbarkeiten und Probleme sind wir als Erwachsene in der Lage, unser eigenes Denken, Fühlen und Handeln so zu gestalten, dass wir auch in unerwünschten Situationen nicht Opfer, sondern Gestalter unseres eigenen Lebens sind.

Aus dem Gefühl der Angst können wir Menschen Freiheit generieren und aus dem Gefühl der Frustration kann eine neue, positive Dimension erwachsen. Erst im Dialog mit anderen und erst mit der nur dem

Menschen innewohnenden Fähigkeit der Ratio kann das eigene Sein einen Sinn bekommen. Gelegenheiten zur persönlichen Entfaltung und Entwicklung gibt es in jedem Leben unzählige. Man darf sie erkennen und als Chance begreifen, die Einzigartigkeit des individuellen Lebens kreativ so zu gestalten, dass möglichst viele davon profitieren können. Die Strahlkraft des Ichs zeigt sich erst im Du.

Vielleicht ist Ihnen aufgefallen, dass ich in meinem Buch bisher kein einziges Mal über Liebe gesprochen habe? Liebe ist eines der mächtigsten Gefühle des Menschen. Liebe besitzt für uns Menschen eine Bedeutung, die wir in ihrer ganzen Dimension nur jenseits des Menschen verorten können. Leider wird dieses Wort sinnentstellt, wenn man es lediglich zur Beschreibung von Sexualität verwendet. Die Moderne macht es uns hier schwer, denn wahre Liebe meint die bedingungslose Annahme des anderen. Liebe ist die positive emotionale Verbindung, die wir nur durch Respekt und durch die Balance von Nähe und Distanz zu anderen Menschen herstellen können – immer in engem Kontakt mit den eigenen Ideen und Vorstellungen, wissend, dass auch unser Gegenüber seine eigenen Ideen und Vorstellungen verwirklichen möchte. Dies zu erkennen bringt die universale Idee der Liebe kraftvoll in unser Leben. Sie kann eine der wichtigsten Leitplanken unserer Lebensführung werden. Ich möchte daher meinen Streifzug der Freiheit der Gedanken mit Worten des großen Aufklärers Immanuel Kant schließen, der sich in seiner berühmten „Beantwortung der Frage: Was ist Aufklärung" so eindrucksvoll für das freie Denken stark gemacht hat und auch die Liebe als das verstand, was sie meiner Meinung nach ist. In „Das Ende aller Dinge" schreibt er:

„So ist [...] die Liebe, als freie Aufnahme des Willens eines andern unter seine [des Menschen] Maximen, ein unentbehrliches Ergänzungsstück der Unvollkommenheit der menschlichen Natur."